外向型团队

——如何创建引领潮流的成功队伍

〔美〕黛博拉·安科纳　亨里克·布雷斯曼　著

唐　淼　译

商务印书馆

2009年·北京

Deborah Ancona & Henrik Bresman

X-Teams

How to Build Teams That Lead, Innovate, and Succeed

Original work copyright © Harvard Business School Publishing Corporation.

Published by arrangement with Harvard Business School Press.

图书在版编目(CIP)数据

外向型团队——如何创建引领潮流的成功队伍/〔美〕安科纳等著;唐淼译. —北京:商务印书馆,2009
ISBN 978-7-100-06509-2

Ⅰ.外… Ⅱ.①安…②唐… Ⅲ.企业管理—组织管理学 Ⅳ.F272.9

中国版本图书馆 CIP 数据核字(2009)第 006222 号

所有权利保留。

未经许可,不得以任何方式使用。

外 向 型 团 队
——如何创建引领潮流的成功队伍
〔美〕黛博拉·安科纳　亨里克·布雷斯曼　著
唐　淼　译

商 务 印 书 馆 出 版
(北京王府井大街36号　邮政编码 100710)
商 务 印 书 馆 发 行
北京瑞古冠中印刷厂印刷
ISBN 978-7-100-06509-2

2009年9月第1版　　　开本 700×1000　1/16
2009年9月北京第1次印刷　印张 14

定价:32.00元

商务印书馆—哈佛商学院出版公司经管图书翻译出版咨询委员会

（以姓氏笔画为序）

方晓光	盖洛普（中国）咨询有限公司副董事长
王建铆	中欧国际工商学院案例研究中心主任
卢昌崇	东北财经大学工商管理学院院长
刘持金	泛太平洋管理研究中心董事长
李维安	南开大学商学院院长
陈国青	清华大学经管学院常务副院长
陈欣章	哈佛商学院出版公司国际部总经理
陈　儒	中银国际基金管理公司执行总裁
忻　榕	哈佛《商业评论》首任主编、总策划
赵曙明	南京大学商学院院长
涂　平	北京大学光华管理学院副院长
徐二明	中国人民大学商学院院长
徐子健	对外经济贸易大学副校长
David Goehring	哈佛商学院出版社社长

致 中 国 读 者

　　哈佛商学院经管图书简体中文版的出版使我十分高兴。2003年冬天，中国出版界朋友的到访，给我留下十分深刻的印象。当时，我们谈了许多，我向他们全面介绍了哈佛商学院和哈佛商学院出版公司，也安排他们去了我们的课堂。从与他们的交谈中，我了解到中国出版集团旗下的商务印书馆，是一个历史悠久、使命感很强的出版机构。后来，我从我的母亲那里了解到更多的情况。她告诉我，商务印书馆很有名，她在中学、大学里念过的书，大多都是由商务印书馆出版的。联想到与中国出版界朋友们的交流，我对商务印书馆产生了由衷的敬意，并为后来我们达成合作协议、成为战略合作伙伴而深感自豪。

　　哈佛商学院是一所具有高度使命感的商学院，以培养杰出商界领袖为宗旨。作为哈佛商学院的四大部门之一，哈佛商学院出版公司延续着哈佛商学院的使命，致力于改善管理实践。迄今，我们已出版了大量具有突破性管理理念的图书，我们的许多作者都是世界著名的职业经理人和学者，这些图书在美国乃至全球都已产生了重大影响。我相信这些优秀的管理图书，通过商务印书馆的翻译出版，也会服务于中国的职业经理人和中国的管理实践。

20多年前，我结束了学生生涯，离开哈佛商学院的校园走向社会。哈佛商学院的出版物给了我很多知识和力量，对我的职业生涯产生过许多重要影响。我希望中国的读者也喜欢这些图书，并将从中获取的知识运用于自己的职业发展和管理实践。过去哈佛商学院的出版物曾给了我许多帮助，今天，作为哈佛商学院出版公司的首席执行官，我有一种更强烈的使命感，即出版更多更好的读物，以服务于包括中国读者在内的职业经理人。

在这么短的时间内，翻译出版这一系列图书，不是一件容易的事情。我对所有参与这项翻译出版工作的商务印书馆的工作人员，以及我们的译者，表示诚挚的谢意。没有他们的努力，这一切都是不可能的。

哈佛商学院出版公司总裁兼首席执行官

万季美

本书献给我们的外向型团队的核心成员：

亨利（Henry）、马里萨（Marisa）、安娜（Anna）、劳拉（Laura）、珀蒂（Bertie）和法玛（Fama）

以及

安妮（Annie）、凯伦（Karin）和伯蒂尔（Bertil）、卡特琳娜（Katarina）和马丁（Martin）

致谢	i
引言　优秀的团队也有办坏事的时候	1
故事的另一面：外向型团队	4
这本书是写给谁看的？	8
研究手段	9
关于本书	10
第一部分　为什么好的团队也会失败	15
第一章　恶性循环——旧模式是如何导致失败的	17
部分成功的医疗团队和其他不太成功的商业团队	18
两个团队的故事	21
第二章　世界在变——新的组织类型和新的团队模式	33
新秩序	35
知识群	40
任务边界的扩张	44
分布式领导的必要性	46
第二部分　是什么在发挥作用	49
第三章　外向型团队原则——外向型行为	51
搜寻	54
交际	60

任务协调 …………………………………………………… 66
第四章　外向型团队原则二——尽力执行 ……………………… 71
  适合尽力执行的安全氛围 ………………………………… 73
  尽力执行的工具 …………………………………………… 82
第五章　外向型团队原则三——灵活的阶段 …………………… 93
  勘探 ………………………………………………………… 97
  开发 ………………………………………………………… 101
  推出 ………………………………………………………… 104
第六章　外向型因素——外向型团队的支撑结构 ……………… 109
  开始：勘探 ………………………………………………… 110
  梦想成真：开发 …………………………………………… 119
  融入微软：推出 …………………………………………… 123

第三部分　如何建立有效的外向型团队 …………………… 129

第七章　外向型团队的工具——从理论到实践 ………………… 131
  第一步：选择成员和布置工作环境 ……………………… 132
  第二步：开始勘探 ………………………………………… 134
  第三步：进行开发 ………………………………………… 141
  第四步：推出 ……………………………………………… 148

第八章 构建创新的结构——外向型团队计划 **155**
英国石油公司的外向型团队计划 **155**
美林证券的外向型团队计划 **158**
创建外向型团队计划：公司高层的理由和计划 **159**
创建外向型团队的五个成功因素 **163**

第九章 外向型团队——分布式领导的实际应用 **173**
各个层级的领导 **174**
分布式领导的四种核心能力 **176**
外向型团队和分布式领导 **179**
公司高层的作用：为外向型团队创建文化氛围 **181**
外向型团队：一个回报丰厚、富有挑战性的选择 **189**

注　释 **191**
作者简介 **203**
译后记 **205**

致　　谢

首先要感谢我们的外向型团队,那些在本书中出现,以及那些多年来一直配合我们工作和研究的队伍。他们是构建我们理论的催化剂,他们的外向型团队计划让我们的理论变成为现实,他们的勤奋工作、精神和工作热情,还有绝妙的理念和创新意识一直激励着我们。感谢他们一路同行。

我们也要感谢那些让我们进入内部进行调查、工作和实验的公司。如英国石油公司(BP)、巴西淡水河谷公司(CVRD)、美林证券(Merrill Lynch)、微软(Microsoft)和新闻集团(News Corp)等,它们告诉我们环境是如何影响团队的。感谢它们让我们能进入公司进行研究。

戴维·考德威尔(David Caldwell)为本书理论基础的建立付出了大量的精力。我们要谢谢戴维,作为朋友和本书的合著者,他让工作充满了乐趣。

还要感谢我们的领导和同事,没有他们的帮助我们不能取得今天的成绩。黛博拉特别提出应该感谢戴维·纳德勒(David Nadler),戴维给了她接触护理团队和销售团队的机会,并对她进行指导,让她能够学习与研究,戴维也向我们展示了理论联系实际的好处。我们还要感谢理查德·哈克曼(Richard Hackman),他的智慧让整个理论体系取得长足的

致谢

进步。感谢迈克尔·塔什曼(Michael Tushman)长期以来的指导和友好帮助。感谢约翰·安德森(John Anderson)为该书出版所做的贡献。感谢彼得·考勒萨(Peter Kolesar),他虽然认为外向型团队计划不会成功,但仍然激励我们努力去争取。感谢黛博拉在哥伦比亚的博士生同学和学校方面给予的帮助和支持。感谢在校期间苏·阿什福德(Sue Ashford)和吉姆·沃尔什(Jim Walsh)给予的帮助。感谢杜克大学对研究的支持。麻省理工学院的唐诺·拉赛德(Don Lessard)建立了外向型团队的架构,而安德鲁·罗(Andrew Lo)信任我们,并对我们敞开了研究的大门,对此我们深表谢意。我们还要感谢罗特·贝琳(Lotte Bailyn)的忠告和随时的援手。

对于亨里克来说,黛博拉不仅是合著者和朋友,在这本书的写作以前,她也是所有博士生心目中最好的学术带头人。我们还要感谢艾米·埃德蒙森(Amy Edmondson),早先他让人意外地坚信"外向型团队计划能够成功",此后又最为坚决地支持研究。谢谢奥根·萨尔维(Örjan Sölvell)和冈纳·赫德伦(Gunnar Hedlund),他们对这一项学术性项目高度关注,这对于我们是很大的鼓舞。谢谢朱利安·伯金肖(Julian Birkinshaw),他严谨认真的研究也是对我们的一种认可、鼓励。谢谢埃莉诺·韦斯特尼(Eleanor Westney)为我们慷慨地敞开了麻省理工学院(MIT)的大门,同时也要谢谢麻省理工学院里出色的导师,包括:汤姆·艾伦(Tom Allen)、罗特·贝琳(Lotte Bailyn)、保罗·卡莉儿(Paul Carlile)、约翰·卡罗尔(John Carroll)、埃里克·雷宾提茨(Eric Rebentisch)、乔治·罗思(George Roth)、琼安·耶兹(JoAnne Yates)等等。感谢马修·比德韦尔(Matthew Bidwell)、福勒斯特·布里斯科(Forest Briscoe)、萨拉·开普兰(Sarah Kaplan)、安德鲁·冯·努登弗利克特(Andrew von Nordenflycht)、伊萨贝尔·费尔南德斯-马特奥(Isabel Fernandez-Mateo)和肖恩·萨福德(Sean Safford),他们帮我们度过了

致谢

令人恐惧的迷茫期,此后他们继续给予我们坚定的支持、温暖的友情和宝贵的建议,这些对我们都是无价的帮助。谢谢我们在麻省理工学院的博士同学以及欧洲工商管理学院优秀的同事给予的帮助。在校园以外,悉尼·彼得森(Syd Peterson)帮助我们了解神秘的药品研发过程。谢谢我们的好朋友鲍勃·梅尔兹(Bob Myers),他在申请许可证的事情上帮我们做了许多工作。

我们同样要感谢麻省理工学院斯隆管理学院,包括学院五楼工作的所有教职员、系主任、麻省理工学院领导、理论研究中心以及高管人员教育部的工作人员,他们为我们的工作提供了颇具吸引力的环境、资源和设施。多谢麻省理工学院制药行业项目所提供的研究帮助。感谢麻省理工学院斯隆经理教育部的所有员工,他们将外向型团队的概念引入其教学项目,并从入学、学业指导一直到学员毕业都提供有力的支持。感谢乔安娜·蒙德(Joanna Maunder)一直配合我们的工作,感谢欧洲工商管理学院提供宝贵的学术支持。

感谢哈佛商学院出版社,特别是杰夫·基欧(Jeff Kehoe),在将文稿成书的过程中他们提供了宝贵的建议和支持,他们是出色的伙伴。感谢露西·麦考利(Lucy McCauley)帮我们将复杂生涩的学术文字转换成简单清晰、通俗易懂的文稿。感谢《斯隆管理评论》以及凯特林·考夫(Katrin Kaeufer)对"首倡外向型团队"这篇文章给予的帮助。

感谢参与我们头脑风暴式讨论并帮我们创立外向型团队这个名词以及本书标题的朋友、家庭和同事,他们包括:泰德(Ted)、内奥米(Naomi)、菲尔·伯克(Phil Berk)、艾米·埃德蒙森(Amy Edmondson)、比尔·伊萨克(Bill Isaacs)、乔纳森·雷里奇(Jonathan Lehrich)、旺达·奥利科夫斯基(Wanda Orlikowski)、玛丽·胜斐迩(Mary Schaefer)、贾米尔·西蒙(Jamil Simon)、吉米·瓦克斯(Jamie Wacks)以及所有欧洲工商管理学院组织行为领域的成员。

致谢

　　最后感谢那些当我们不在状态或者没有头绪的时候给我们关怀和鼓励的朋友和家人。感谢黛博拉的孩子们：马里萨（Marisa）、安娜（Anna）、劳拉（Laura）和珀蒂（Bertie），你们的妈妈答应最近不会再写书了。谢谢亨利（Henry），没有他确立领导行为和团队之间的联系，我们很难看清楚面前的机会。谢谢亨里克的家人，包括在法国的安妮（Annie），在瑞典的凯伦（Karin）、伯蒂尔（Bertil）、马丁（Martin）、卡特琳娜（Katarina）、马特斯（Mats）、约翰（Johan）和埃里克（Erik），以及在美国的凯西（Kathy）、大皮特（Big Pete）和小皮特（Little Pete），并向他们保证整个假期间不会再写别的书了。

引言　优秀的团队也有办坏事的时候

保罗·戴维森(Paul Davidson)和他的三人团队刚刚获得公司的许可,为一款可能给公司业绩带来可喜回报的软件产品研发升级。[1]团队成员增加了十个工程师,因此他们认为这次的软件能够包含客户想要的所有功能。保罗刚参加了一个关于持续性发展战略的课程,迫切想把新学的知识应用起来,而他的团队符合课程中的要求,正好可以边干边学。在努力进行设计和做好模板以后,他们制订了总体计划,安排好各项流程和工作进程,据此安排人员、分配任务,并着手实施。了解了自己要实现的目标后,团队成员都士气高昂,梦想着向公司领导展示自己出色的产品。

项目进行几个月后,上级的一位主管提出产品要按客户新提出的一些要求进行修改,而这些要求是保罗和他的团队事先没有预料到的。作为一家以市场为导向的企业,公司经理与客户保持着密切的联系,所以在一次认真的磋商中,当客户提出一些他们认为重要的要求后,管理层决定在项目中体现客户的意见。而保罗坚持原来的计划,不想因为修改计划致使项目延期。团队把这个项目当做一次持续性发展策略的伟大试验,准备不惜代价地坚持原有计划。于是企业中形成了这样的一种局

引言

面：团队认为管理层随意干涉团队工作，玩弄权术游戏；而管理层认为团队不听指挥、僵化死板、反应迟钝。

冲突的结果是团队有两个人被开除，团队内部充满了悲观的气氛。保罗要求给项目指派更多人手，却被管理层拒绝。交货日期一再推迟，又有两个成员接着离开了队伍，士气低落。保罗感受到公司炎凉，觉得前途无望，很快也离开了公司。剩下三个最初的工程师也无意填补空缺，所有人都没有心思进取，团队的运作每况愈下。

开始充满工作热情和智慧的团队是如何走向衰败的？他们努力提高效率，满足客户需求；他们互相配合，积极完成公司交给的任务；他们勤奋工作，为公司做出了很大贡献。他们充满了工作热情与活力，可是他们倒下了，原因是他们过于关注团队内部建设。

这个结论让人吃惊。内向型团队士气高、互相信任、协作一致，一向被认为是理想的团队形式。但是在本例中，内向型观念导致这种团队在自己与外部世界间竖立起一道墙。团队成员认为自己掌握了所有问题的答案，反对自己的人如果不是认识错误，就是心存不轨。在工作中他们的要求越来越苛刻，思维陷入非此即彼的模式中。更糟糕的是，他们拒绝按照公司和客户要求的去做。这样就逐渐形成了恶性循环。

我们见证过很多像保罗·戴维森带领的这样的团队衰败、消亡的例子。其中一个是金融服务行业的团队，他们有不错的产品，可是因为不能说服部门经理支持，他们不得不眼睁睁地看着项目因为缺乏资源而最终走向失败。另外一个计算机行业的团队虽然内部协作很好，可惜却没有收集关键的竞争信息，以至于产品还没有面市就已经过时。

这些故事都反复说明：有的团队有聪明协作的人才，有的团队有令人敬仰的领导，有的团队分工明确、配合良好、目标清晰，可是这样仍然无法避免项目的夭折。

好的团队为什么也会失败？正如保罗·戴维森的案例所揭示出的：

优秀的团队也有办坏事的时候

团队失败的原因通常是过于遵循一些热门的教条。这些教条让我们相信团队的成功只需要关注内部：做好本职工作，解决手头的问题，还有配合好队伍里的伙伴。这样的思维引导我们创建团队和安排计划；对那些喜欢团队和睦、高效工作的成员来说，这样的概念让他们感觉很好；在进行团队内部激励的时候，这样的方法很有效率：在统一的意见下培养起团队精神，让每个成员都有明确的目标和清晰的定位。

可是时代变了，内向型观念已经不像以前那么管用。以创新为基础的激烈竞争给企业带来了翻天覆地的变化。求新、求变、讲协作，公司才能满足客户要求，才能在残酷的竞争中生存下来。而企业的团队则越来越多地置身于竞争的风头浪尖上。

贫困、全球性变暖和政治冲突是目前比较严重的世界性问题，企业、政府和非营利性组织的人一起努力才有希望解决这些问题。而团队将在这场斗争中扮演主角。

在新的竞争环境下，领导职能不能只集中在公司高层，而要在公司内部分散配置，让团队成员也拥有领导职能。创新为王成为当今关注的热点，掌握了技术和市场的脉搏就掌握了成功的关键，一个人高高在上指挥其他人工作的情形已不再合适。如果企业面临分散的资源和复杂的问题，领导职能就需要有其他人来分担。这些人职务有高有低，有企业内也有企业外的人，他们分别在信息、专业知识、战略观点、新的合作方式等不同方面有自己的优势。在分布式领导的环境下，团队只关注内部的理念已经落后了。[2] 他们需要担负起新的领导职能，关注周边环境的变化，充满热情和责任感地投入任务，提出新的理念解决问题，改变世界。团队要和其他人配合，一起创新求变，在工作中形成分布式领导。

保罗·戴维森采用的老模式主要关注于内部，虽然流行一时，但这只是故事的一面——让我们学会提高团队内部的效率。而超越团队边界、对外管理的另一面却被忽略了。故事只有一半，就不能让人明白故

引言

事的意义。我们需要的并不是非此即彼、水火不容,我们希望的是内外并重的管理方法。现有的证据表明:只有内外并重,团队才能领导潮流、不断创新、走向成功。

故事的另一面:外向型团队

微软的网代(Netgen)团队是一个小团队[3],商业策略部经理塔米·萨维奇(Tammy Savage)认为微软并没有意识到13—24这个年龄组(网络一族)需要的技术是什么,她建立起网代团队,以更好地了解客户需求,并有针对性地研发软件,但是如何说服顽固的公司高层还有了解网络一族都不是很容易的事情。比尔·盖茨对此不是很感兴趣,他认为此想法过于模糊,又没有具体的产品。团队知道自己的产品和概念都需要有所改变,于是团队找出了具体数据说明网络一族可能的需求,以及微软将如何凭此牟利。虽然比尔·盖茨对此仍然不感兴趣,但是另外的一位高层领导表示支持,于是塔米·萨维奇就成了团队负责人。

网代团队首先召集了一群大学生,让他们参与一项商业计划。团队对于商业计划本身并没有兴趣,他们感兴趣的是学生在配合工作中如何运用技术。几个星期后,团队了解到网络一族如何运用技术以及对技术的要求。接下来团队着手研发"三度",这是一个能让一群人在线协作的软件,利用它,人们可以在线一起听音乐或者创建一本影集。微软为网代团队提供了新的办公地点,还有新的团队成员。所有的团队成员联系他们所能联系到的关系寻找帮助,以及技术支持。他们综合了他人的许多意见,形成自己创造性研发的独特风格;他们研究竞争对手的产品,并将与管理层要求有关的团队行为通知高层领导;他们在微软内部搜罗最好的技术,必要的时候自己也进行一些研发;他们克服了许多技术障碍和内部分歧;他们经常联系客户——那些真正的网络一族,以验证他们的想法。然后他们开发出自己的代码,移植进微软最先进的即时消息软件——微软传讯机中去。

网代团队证明了这样一个观点:有时候一个小群体能够改变大企业。网代团队最终为网络一族开发了全新的产品创意和技术,而塔米·萨维奇领导起一个全新的群体,他们着眼于了解客户需求并将其融入产品设计。

网代团队就是所谓的外向型团队。外向型意味着这样的团队对外联系,团队成员的工作要求内外兼顾。多年的研究和实践表明:虽然内部管理也很重要,但是在迅速变化的环境中,外向型管理才能让团队领导潮流、不断创新、走向成功。外向型团队与传统团队的区别主要有三点。

首先,为了建立有效的项目目标、工作计划和产品设计,团队成员必须走出团队边界,有足够的外向型行为。就像网代团队所做的,外向型团队在产品设计以前首先要争取高层支持、了解客户需求,并在公司内搜罗项目的技术储备。外向型团队收集有关客户、技术、市场和竞争的信息,客户信息通常要求的是第一手资料;他们找出公司高层的战略方向,游说高层调整战略方向,或者改变团队的工作方向,总之要使两者保持一致;他们与其他团队交流学习,获得新信息;他们努力与其他人配合,争取高层的认可。团队自始至终与外界保持有效的沟通。

其次,外向型团队将所有有益的外向型行为与团队内的尽力执行结合起来。外向型团队有一套行之有效的运作方法,让团队成员互相配合,保持内部工作效率的同时坚持对外沟通。例如网代团队总有成员对公司高层进行解释和沟通(对外沟通),在获得反馈后团队成员进行讨论,制订新的沟通方案。从对外沟通中学习和改变工作方式,团队成员表现出高度的自主性。获得大量的客户信息并将之转化为客户需要的软件功能,这表明网代团队有着优秀的内部流程。

第三点就是外向型团队拥有灵活的阶段划分,外向型团队在工作的

引言

不同阶段采用不同的工作方法。网代团队成员最早进行的是勘探：了解客户的需求、高层的想法，以及自己对未来产品的期望。下一个阶段是开发实际研发客户需要而竞争对手没有的软件产品。最后一个阶段是推出：把产品交给微软的其他部门以获得他们的使用经验和评价。和其他有效率的外向型团队一样，网代团队不断改变工作方式以迎合项目在不同阶段的需求。

综上所述，外向型行为、尽力执行和灵活阶段这三种因素组成了外向型团队遵循的准则。在实际工作过程中，他们是如何执行这些准则的呢？这样的团队采用的是怎样的架构呢？要知道这些问题的答案就要了解我们所说的三个"外向型因素"。第一个因素就是广泛的关系网，它能帮助团队超越边界、整合业务，始终保持与外部环境的一致。网代团队就是利用它在公司内外的各种关系建立起更多的这种关系网。团队成员找到拥有相关技术和信息的人，并通过他们结交更多的人。第二个因素是可扩张的关系网，网代这样的团队能够进行自我规划，由塔米和其他几个经理组成的核心领导团队，一些其他成员负责项目操作，还有一些成员只是在特定的项目上短期参与。最后的因素则是成员交换，网代团队的成员甚至领导都经常流动。

这样使外向型团队成员经常在团队内外穿梭交流，而团队因此了解更多信息，能更快适应周围环境。灵活变通的成员不但给企业带来创新，也给他们自己带来满足感；这样的团队能很好地安排工作、确定目标、制订计划。在与其他人交流配合工作的同时，团队采用这样的方式确定团队的方向和最终的产品。当企业按团队的要求提供资源和其他帮助时，成功的喜悦可以提升团队成员的工作热情与满足感。

这种全新的、关注并快速适应外部环境的外向型团队大有作为。在很多行业和领域，外向型团队做的都比传统团队出色。石油行业外向型团队能更好地为公司收集到石油勘探的新技术；电信公司的外向型销售

优秀的团队也有办坏事的时候

团队能为公司带来更好的业绩；外向型药品研发团队能更好地吸收融合外来技术；计算机行业外向型产品研发团队更具创意，速度更快，成员收入比传统团队更高；外向型咨询团队能更好地为客户服务。

是不是所有内向型团队都会失败？是不是每个团队都能成为外向型团队？答案显然是否定的。当团队目标和企业目标完全一致，团队拥有所需的支持，团队成员拥有所需的信息，而且这些信息变动不大，团队任务与企业其他项目没有关联，这时外向型团队存在的意义就不大。

但是正如我们所说的，这个世界在不断变化。面对新环境下的挑战，外向型团队比传统团队具有更多的优势，特别在领导模式从简单的命令服从型转向分布式领导的时候，公司上下需要更多的沟通与协作。[4] 像网代这样的外向型团队通过与高层合作实现对公司的领导作用。只有塔米·萨维奇和她的团队认识到网络一族需要更多的认识与了解，他们才能够用新的视角看待市场，并根据客户需要设计软件，同时使公司高层更加关注客户的声音。外向型团队跨越了功能、部门和企业的界限，挑战企业的传统观念，他们提供的软件创意和技术帮助微软在变化的市场中具有更强的竞争力。

外向型团队的出现能够帮助企业解决复杂的问题、适应变化的环境、获得新的创意，从而获得竞争优势。他们从全局的角度为企业带来资源，并获得股东的认同。他们对公司高层、客户、竞争对手以及技术的关注使得他们能紧密结合高层的战略，以及基层的信息和观点。外向型观念让他们在面对飞速变化的任务、技术和客户要求的时候，能比传统团队反应更快，也更容易理解公司的要求。

本书讲述的是外向型团队的内容，告诉大家只要采用外向型观念，普通人就能简单地实现不普通的目标。这样的团队在内部尽力执行，又保持着内外频繁的交流，利用团队和企业外部的网络建立起一个可扩展的关系网，方便团队成员流动，必要时可转换他们的角色。在任务的不

引言

同阶段,外向型团队的行为可以不同。总而言之,外向型团队灵活多变,能适应环境。本书主要讨论的是在越来越复杂多变的环境下,外向型团队的行为和业绩能够得到怎样的提升。

本书讲述了很多案例,有些是关于特定的团队的,有些则是关于有远见的企业的,它们通过建立特定的计划、激励和方案来创建和维护外向型团队。我们可以考察这些企业的计划是如何制定的,有怎样的结构;他们用怎样的规范约束成员的行为,以及效果如何。我们关注的是全局:团队管理中如何把外向型和内向型观点综合起来,运作所需的企业资源。

这本书是写给谁看的?

凡是重视团队的企业的各级管理者都会从本书中有所收获。高层管理人员需要团队的支持,团队成员需要完成任务。有些人创造机会、给予激励以保证团队成功,有些人培训提升成员素质,有些人做大项目,拥有上百的下属和顶尖的技术,有些人在小企业里做修补改进工作。他们都是本书的目标客户。

企业如何构建更分散的结构?如何有更多创新?在企业里如何将领导权力下放?如何让员工从忙碌的日常工作中摆脱出来,投入新的方向?如何让那些希望改变的人找到方法和出路?如何让下面的新创意与高层的战略结合起来?如今企业的核心是团队,一个最基本的问题是如何能提高团队的绩效和士气?所有这些问题都可能从本书中找到答案。

对于那些想要了解与管理新环境下的团队建设的学校、咨询公司或者个人,我们都希望本书能有所帮助。我们希望提供一个框构,以此逐渐改变目前小群体研究与实践的基础观念,让关注的焦点从团队内部转向内外兼顾。团队是什么?如何建立?如何管理团队变革?这些观念都要有所改变,如何让团队更有效率,甚至是如何在企业内部实现创新与改变,这些问题都将得到新的答案。

研究手段

外向型团队的原始理念来源于一项持续了很多年的研究项目,是很多人成果的积累。研究观察了包括护理团队、销售团队、咨询团队、产品研发团队和石油勘探团队在内的许多不同团队,包含了电信、教育、能源、制药、计算机和金融服务等多种行业。对现实团队的观察发现,倾向于外向型的手段会使团队更容易成功。研究结果的论文在很多期刊杂志上发表,这些文章包含了大量数据和案例,是本书的基础,有兴趣的读者请查看参考书目。

最早的研究是针对护理团队的工作环境研究,主要是考察团队建设方面的培训会对团队产生什么样的效果,希望通过冲突处理和决策方面的培训提高护理团队的绩效。可惜,虽然这个项目投入了大量的时间和金钱,而且护理人员们也声称互相交流的能力大大提高,但是统计数据表明,绩效并没有得到明显改善。

接下来研究的是电信行业一个百人销售团队。研究显示,团队内部凝聚力高,内部满意度高于其他团队,团队成员自信地认为他们的绩效应该比其他团队要高,但是研究结果却表明他们的绩效实际上与一般的团队没有什么区别。这就引发了一个重要的疑问:是什么决定着团队的绩效?

我们收集了定性、定量的数据,考察了团队成员的活动,与咨询团队、产品研发团队、药品研发团队和石油勘探团队的几十位成员和领导进行了面谈,渐渐找到了答案:外部的关系、可扩展的结构、流动的团队成员、高度的自主性,再加上对外界足够的关注,这些都是高绩效团队超越于低绩效团队的原因所在。他们成功的另外一个原因是不死守一种模式，在工作不同的流程采用不同的工作方式。

这些都是企业里已经存在着的团队。我们同样关心的还有以下问题：能不能创建这样的团队？这样的团队能不能主动引导公司高层进行变革？我们尝试过通过培训咨询和管理人员的方式影响公司，促使他们创建外向型团队。在美林证券（Merrill Lynch）、英国石油公司（BP）、巴西淡水河谷公司（CVRD，巴西大型矿业集团组织），以及我们的学院内，我们的尝试都是非常成功的：美林证券的团队开发了新的金融产品，英国石油公司的团队设计了新的项目管理流程，巴西淡水河谷公司的团队制定了一项全球战略。还有很多这样的团队正在为世界各地的企业提供咨询服务。本书的结束部分我们会讨论这些团队，分析企业如何能建立自己的外向型团队。

关于本书

本书分为三个部分：第一部分包括第一章和第二章，主要介绍流行的内向型观点，阐释现在的世界已经发生翻天覆地的改变，老的模式已经过时了。第二部分包括第三章到第六章，主要介绍如何建设好框架以迎接挑战，描述了团队建立内外互补的复杂网络所需的基本要素。第三部分包括第七章到第九章，总结管理人员如何让外向型团队为己所用。

为什么好的团队也会失败

在给出解决方案以前，我们要了解这个问题的真实内容、影响范围以及严重程度，所以首先我们要做的就是探查团队面前的思路。第一章解释的是我们所学习、了解、习惯并用以指导日常工作的团队效率观念。这里的一些证据让我们了解到这种流行的观念已不可行。

第二章讲述为什么旧模式不可行：随着以创新为基础的竞争变得越来越激烈、节奏加快，企业的运作发生了一些重大的变化。首先，企业的结构不像原来那样层次分明,集权制度明显,而转变成发散状的松散型伙伴联盟。其次,支撑企业基础的信息呈现放射状分布,复杂多变。第三,团队任务越来越多地与公司内外其他业务相互影响。企业运作方式变化后,分布式领导也为公司所接受,并融入了企业的日常运营。这些变化给团队的工作带来了压力,游戏规则已经改变了。下面我们来解释这些变化。

是什么在发挥作用

为了适应新的环境,团队需要参与大量的外向型活动。这是外向型团队所遵循的第一原则,也是我们第三章要讲述的内容。首先,搜寻可以帮助团队掌握公司内外了解信息的专业技术人员,收集公司以及行业内的信息,深入了解市场、新技术、竞争对手行为以及企业文化等。其次,交际的目标在与上层沟通:把团队及其项目向公司决策机构进行推销、维护团队信誉、收集资源,以及处理与同盟及敌对势力的关系。第三,任务协调用来处理不同机构间的平行关系,处理与其他单位间的联系。团队成员与其他群体商谈,推销他们的服务,并获得有关他们工作的评价,了解实际与期望值的差距。[5]

第四章简要介绍内部行为是对外部行为的必要补充。外向型团队所遵循的第二原则是尽力执行,要求内部行为对外部行为高度的配合,以确保团队能密切合作,吸收消化信息和专业技术。尽力执行强调外部行为,并不意味着就没有内部行为的必要了,相反,外部行为使得对内部行为的需求加强了。外部行为给团队带来了信息的繁杂、观点的分歧和见解的争辩。团队需要保持高度的自主以应对这些额外的挑战。

第五章介绍的是外向型团队的第三个原则是灵活的阶段。在美林证券的案例里,工作流程分为三个阶段:勘探、开发和推出。[6]本章是外向型团队理论的重要章节,它描述了团队如何将保持创新和速度作为应用

引言

分布式管理的工具，让团队在工作中因时而变。本书的第二部分以第六章结束，描述了三个外向型因素（见网代团队的案例）：密切的外部关系网、可扩张的关系网和可交换的成员。三个外向型因素是支撑外向型团队三原则的基础。

如何建立有效率的外向型团队

本书的最后部分是对本书内容的综合，提供了对创建外向型团队的便捷指引。第七章简要指出，传统型团队转向外向型团队的步骤和要点。第八章讲述了发起并管理外向型项目应该注意的细节。在英国石油公司、巴西淡水河谷公司、美林证券和麻省理工学院，我们在其他人的协助配合下，成功地创建了一系列的外向型团队，并创建了持续创新和企业变革的一套体系。

第九章是最后的章节，讲述的是高级管理人如何建立一个支持外向型团队发展的企业。这里有三个成功的案例：西南航空公司（Southwest Airlines）、乐施会（Oxfam）和宝洁公司（P&G），它们把外向型团队当做工作中运用分布式领导的工具。结合分布式领导的关键要素，我们描述了如何让外向型团队具体实施分布式领导，以及高级管理人员如何让公司转型。如果公司不改变的话，外向型团队并不能发挥分布式领导的全部作用。公司要对运作方式、结构以及公司文化作出一定改变，以开拓外向型团队的潜力，这样的转型是一项很大的工程，需要相当长的时间来完成。而外向型团队也会对相应的运作方式、结构和公司文化新模式的建立与确定提供帮助。

团队，团队，还是团队！它们花费了我们大量的时间，让我们感受到压力，但也能激励我们努力完成任务。有人说团队建设已经过时，但是公司中还是有很多团队，还是在想办法提高团队绩效，学者们还是在写大量书讨论如何管理团队，而我们无论是在工作中还是生活中还是要接触各种各样的团队。我们周围到处都有团队,但是我们对它们仍然感觉像是个谜,了解很少。

我们相信团队的存在,还相信作为领导、创新和变革的工具,团队管理的重要性会与日俱增。它们面对的挑战会越来越艰巨复杂。而外向型团队势必成为我们克服挑战、获得胜利的法宝。

萨姆(Sam)和奈德(Ned)两位经理领导的两个咨询团队被我们分别称为东南团队和西北团队。这两个团队是我们为了迎合特定学区的教育形式而组建的新公司结构的一部分,它们根据地区需要提供新的教学材料和方法。两个团队同时组建,有着同样的目标,两位经理同样出色,其中一个是外向型团队,取得了很好的成绩,而另外一个的结果却很糟糕。

大银行(Big Bank)团队的案例告诉我们:当公司面临重大变化的时候,外向型团队就显得尤为关键。贝尔克公司(Bellco)是一家大型电信公司,它创建团队的任务不是考虑地区分布,而是迎合不同的行业分布。在贝尔克公司里,大银行团队的任务是面向银行业开展业务。团队成员不得不学习如何更积极主动地营销,如何迎合这个特殊行业的客户需求,如何把现有的产品捆绑集成系统,提供符合客户商业需求的解决方案。首先它们需要建立团队配合以及与公司内相关部门协作的工作方式。最后还要付诸实施,并帮助公司安排如何配合团队方案的具体实施。

摩托罗拉(Motorola)的 Razr 团队显示了外向型团队在顽固守旧的企业环境下是如何实现迅速变革的。当接到设计一款新手机的任务时,团队正如其名(Razr 的含义是剃刀),在开发一款薄型手机,从而在竞争中大获全胜。团队成员克服各种政治陷阱、阻力和官僚拖沓作风,迅速地完成了任务。

狐狸团队(Fox)显示了外向型团队如何在迷宫一样的医药公司里

引言

游刃有余。公司核心的分子技术并不是公司的自有技术,而是来自于公司外部。团队需要从学校、新创公司和研究实验室这样各种各样的环境里搜索出合适的分子技术并将之引入。

本书引言开始时说的微软的网代团队在起步时并没有得到公司高层的支持。团队成员不得不想办法收集资源并让高层了解自己的想法。他们提出自己的想法,并不管公司里其他人的批驳与嘲笑,始终坚持。他们先独立于企业,发展自己的创意,然后再努力将自己的想法与公司的主流协调融合。最后他们成功地将他们的想法融入到微软的文化环境中去。

在探究上述外向型团队成功的辉煌以前,让我们从基础的细节开始研究,深入探讨目前对团队的流行看法,以及这样的看法为什么不能适应公司目前的形势。

第一部分 为什么好的团队也会失败

X-TEAMS

第一章　恶性循环
——旧模式是如何导致失败的

在对团队进行流程管理的培训课上,我们通常在开始的时候提出这样的问题:要组建成功的团队最重要的因素是什么?学员们会很快地列出许多不同的答案:清晰的定位和明确的目标、冲突管理、信任、团队精神、理性决策、保持团队运行的轨迹、会议讨论重点突出、责任心、知人善任、适当奖励等等。

虽然每次课上得到的答案各有不同,但是获得的反馈都反映出这样一个信息:团队成员需要互相支持、互相配合,才能找出协调工作的方式。他们要设定目标、安排人员、设计工作流程,以实现目标。我们的学员并不是懒惰,他们也做了温习准备,他们的回答只是反映了那些畅销书和管理教条中关于提升团队效率的观点。比如有一本畅销书就认为团队的最高境界就是:"一小群人,他们各有所长,优势互补,对于一个共同的目标,他们承担平等的责任,在工作过程中他们相互依赖,每个人的成长和成功都和其他人的努力密不可分。"[1]

一些关于团队组建的培训和讨论灌输给我们这样的理念:"团队的表现取决于团队内部的运作方式"。而在潜移默化中我们也习惯性地遵此执行。我们的注意力被限制在团队的内部。团队成员致力于制定任

第一章

务、安排人员和研讨完成任务的方法。[2] 这就是我们大多数人头脑中团队运作的基本方式,我们以这种内向型观念指导团队成员的选择和工作方式。

此外,在团队配置安排工作的时候,这种内向型的趋势更加明显。团队成员的关注目标集中在团队内部:其他成员会不会接受我、欣赏我?我们能合作好把任务完成吗?成员好相处吗?我们将如何协作?任务能按时完成吗?[3] 每个人在进入团队的时候脑子都是这样的疑虑,希望能尽快找到答案。为了解决这些疑虑,团队领导和成员需要找到合作的范围、协作的方式和工作的目标,并尽快行动。这样,团队成员就能确定自己的定位,获得团队的归属感,并找到行动的方向,团队就能减轻疑虑,协调行动。

好的组织结构是走向成功的重要一环,关注团队内部并非是坏事,也很正常。但是这些并不足以保证团队的成功。实际上,过于关注内部对于团队本身以及他们的目标都是有危害的。

要组建高效和成功的团队,不能光是关注内部,团队的外部因素同样重要,这就是本书标题所指的外向型因素——强调团队向上管理、向外发展,在内外两个方向上都积极努力。这个过程中团队扮演的角色不仅是一支为了完成任务而合作的队伍,同时又是创新的催化剂和引导企业配合的工具。要实现这样的效果,团队需要跨越其边界,在激励内部成员,提高凝聚力等内部措施以外,还要对团队内外各种因素进行综合的监控、策划和管理。这是个美好的蓝图,我们有办法让它变成现实吗?

部分成功的医疗团队和其他不太成功的商业团队

从 20 世纪 70 年代末开始就有人对这种团队内向型模式提出质疑,起因是纽约一家大医院工作流程设计的质量问题。[4] 该计划中的部分目标是致力于提升护理人员队伍的满意度和绩效表现。这些队伍人员变动频繁,矛盾冲突较多。当咨询公司进入以后,咨询人员专注于传授队伍成员一些如问题处理、沟通、监管、群体决策和矛盾处理等技巧。

咨询人员投入了大量的时间和精力进行培训,让团队成员学会理解伙伴的意图和感受,并在团队的目标上达成一致。在项目进行过程中,个体的沟通和问题处理能力确实得到了提高,成员工作热情高涨,并学会了人际沟通技巧,工作中的摩擦也有所减少。然而花费了许多时间和金钱后,他们得出的观点是这些变化不能长久维持。[5] 护理人员监控记录表明,这些努力并没有改善护理团队的表现。尽管医院又推行了很多其他的工作流程设计,团队的绩效表现还是没有什么变化。

在对一家电信行业的百人销售团队进行的研究中,更多的证据表明,纯粹立足于内部处理的效果是十分有限的。我们关心的是有效的内部运作方式能否改善团队绩效表现。这些团队采用畅销书上介绍的方法,并有明确的职位分配和清晰的目标,采用开放的交流方式,评估个体的贡献,重视成员的相互支持。尽管团队成员认为他们表现很好,满意度也有所提升,研究结果却认为区分高效团队和低效团队的原因并不在于内部的运作方式。简单地说,作为团队表现的指标,业绩的好坏并不只取决于团队内部沟通情况。我们奉为信条的旧模式其实效果十分有限。[6]

然后我们对高科技行业的45个产品研发团队做了一项研究,以找出区分绩效高低的原因。[7] 一些团队从外界寻找新想法,接受团队以外人的意见反馈,与其协作,并获得高层支持。与那些专注于提升自身效率和内部合作的团队相比,他们能研发出更有创意的产品。

我们对咨询团队和制药团队的研究提供了进一步的论据支持。那些关注外界更多的外向型咨询团队的客户的满意度更高,而且容易获得高层的赏识。有趣的是:内向型的团队在开始阶段的满意度和绩效都很好,但是随着时间推移逐渐下降。外向型的制药团队在识别可用的元素

第一章

并评估该元素对公司的潜在价值上做得更好。[8]

到目前为止,对团队的研究均得出类似的结果。[9]当团队的任务目标需要外界的信息、配合、资源、支持和专业知识的时候,单纯内向型的方式是不够的;当外界环境改变需要团队作出相应变化,或者需要配合高层实施新的战略的时候,单纯内向型的方式就是致命的;当业务的成功依赖于技术、市场、竞争对手和其他外界要素的时候,采用一些外向型的手段是必须的。

尽管20年来的研究都指出了其错误,但内向型的观点仍然占据着我们的头脑,指挥着我们的行动。我们仍能反复听见执行层强调团队工作的重点专注于内部。实际上,从我们组建团队的开始,内向型的观念已经占了上风,虽然数据已经告诉我们这样是错误的。研究结果已经很清楚地说明了这点,但是外向型的观念却长时期被大多数人忽视。

为什么旧模式仍然有市场?也许是被人们默认的结果,它的好坏未经检验。我们一直相信,人们不质疑内向型观念,可能是因为内向型战略在历史上推动进化的贡献:早期的人类互相信任并有效协作,他们才更容易生存,这些先驱者对团队成员的身份有认同感,并在困境中以此激励自己奋斗生存,与同伴并肩作战。内向型的团队比单个人能更好地保护自己,这种观念传承下来,影响了我们今天团队的组建。另外,当时的世界相对比较稳定:技术更新缓慢,威胁一直存在,但是都在预计范围内。人们为了食物和居住条件而忙碌奔波,这样的情况下,外向型对于生存的作用不是很关键,而且向外的探险充满了危险,怎么会不顾内部的安全而出外冒险呢?或者更简单地说,无论是个人还是集体,安全感和身份的认同超过了其他的考虑,因此内向型的战略是明智的选择。

无论是哪个理由,单纯专注内向型的观念已不适应环境,现在的生存和成功需要在行动上与外界的人群有更多的联系。但是首先,让我们深入研究为什么内向型团队选定这样错误的途径,他们又为什么坚持这样走下去？

两个团队的故事

　　团队从组建走向解散之路并不是一片坦途，事情总是开始顺利，而后慢慢才出现分歧。当然，每个团队都在按自己独特的方式进行演化，有些团队不可避免地会出现一些完全内向型的倾向。为了了解这些倾向，我们把两个团队放在一起，从团队成立开始到其中一个团队解散为止，对这段时间的变化进行研究。这两个团队都是新组建的，他们的任务是给一个特定地域范围内的学区提供咨询。东南的团队采用纯粹内向型方式，西北的团队有效地将内向型和外向型的方式进行了整合。东南的团队认为团队的成立就是满足内部成员要求，完成任务的平台，而西北的团队则相信团队是配合高层以创新改变现状，解决学区问题的有力武器。从一开始，两个团队就表现出不同的倾向。

　　萨姆（东南团队）选择了内向型的方式，而奈德（西北团队）更看好外向型的方式，这只是公司内部更大变化的一部分，选择的理由还不是完全清楚。根据我们与企业多年合作的经验，几乎每个企业都会有团队采用将内向型与外向型整合的手段，而这些团队能获得更好的效果。这些团队给本书提供了很好的案例。上述东南团队和西北团队的故事告诉我们起初小小的决定将怎样影响整个团队的全部进程。很特别的是，这种整合的手段不但能提高长期的内部满意度，而且能获得更好的外部协调和业绩表现。

　　在各团队召开第一次会议前，我们和两位领队进行了交流，他们在团队内部如何配合问题上表达了不同意见。萨姆担心团队成员也许对新组织架构不适应，希望留出足够的时间让团队成员互相熟悉，并了解他们需要做的工作。团队建立起来后，他深入到服务领域中去，向团队成员描绘出一幅团队服务的美好蓝图，他最希望他的团队是在变革的风

第一章

暴中没有风险的避风港。而奈德虽然也很想建立一支强大、和睦的队伍,但是同时他希望组员从深入学区入手,调查学生不同的需求,尝试各种解决方案。不同的策略使两个团队走上截然不同的方向。

两个团队,两种策略

在第一次交流的时候,萨姆强调了他的内向型策略。他希望团队成员能团结起来,收集研究这一学区的资料。在组员互相熟悉以后,他们每个人都能共享其他人关于这一学区的信息,而萨姆的作用是资源调配和团队支持。他说在任务过程中会有些地方需要和学区沟通,但是最重要的还是要建设好团队、让组员协同配合,以及共享有关这一学区现有的信息。

奈德不一样,他希望西北团队更注意整合的方式,拿到这一学区的一手资料,然后迅速离开。这样做有两层意思:第一是让团队成员不要把过去项目的老经验带进来,要用新团队的眼光来看这个学区,探查他们的需求;第二是取得因新策略而不得不离开学区的那些人的信任。而奈德自己则是向学区领导、经理和其他负责人提出新策略的建议者。

在与我们的交流中,奈德明确表示:他要以全新的视角探查这个学区,了解客户的需求,然后组员满足客户需求,获得他们的信任。他解释说:"虽然我了解这里的每一个领域,但是一直都是用一成不变的眼光来看待的。我们需要扩张视野,从客户的角度了解他们的需求。首先要让客户把他们需求的服务说出来,我们要将我们的服务定制后摆在他们面前:我们能为您提供这些,告诉我们您的需求,我们可以为此专门设计。不这样做的话,我们会失去客户的信任。"[10]

从一开始,萨姆和奈德就为各自的团队设定了不同的策略。萨姆的基本构想是建立一支充满热情的团队,采用开放的沟通方式。开始与当地的交流不是很多,他认为以后也只有在一些不确定的地方才需要大量的交流。即使在谈到与学区人员的交流,他也更多地依赖团队成员已有的信息,而不是那些原始资料和新收集的信息。并且,信息沟通是单方面的:由团队告诉学区人员本团队将做些什么。

与此相反,奈德的基本构想是按总裁的计划改善对当地的服务。奈德更加接近新组织设计的战略目标:他和他的团队是实现新策略的合适人选。他预计到高密度的与学区人员的双向交流,这样有助于扩大团队成员的视野、发掘学区的需求、收集对团队意见的反馈,以及向客户推销团队的服务。奈德并不相信他的团队成员拥有服务当地所需的所有信息。他还相信他的团队会以老眼光看待他们拥有的信息。他计划通过一种交互的方式推行新的思维模式:了解当地的需求,然后检测团队的方案是否能满足这些需求。然而他的策略并不是完全外向型。他安排了很多团队会议,让团队成员分享他们收集的信息,并配合公司的新策略制订各种计划。这些会议在提高团队凝聚力的同时对于那些工作中玩花样的人是一种压力。

两种方式在基本构想上就截然不同:内向型团队着重于了解如何能配合工作,外向型团队着重于了解外部环境。他们对外交流的次数不同,信息收集的方法有所不同(内向型团队利用团队成员已有的知识,外向型团队从外界寻找新的信息)。与外界交流的方式也不一样:一种是告知本团队的计划和决定,一种是积极探索、寻求外界反馈。两个团队的差异还在于一个是以老眼光看待市场,另一个是以新的视角看待市场。最后,一个团队的目标是提升整个团队,而另一个团队的目标是帮助高层建立与社区交往的新形式(见表1-1)。

但是要注意:两个团队的领队都希望建立和谐的团队,都希望团队协作以尽快地完成任务。但是一个领队的基本构想基于团队的建设,对外界的了解依赖于现有的信息和思维;另一个领队的基本构想则是先走出去,用新的目光观察该区域,然后确定目标,团队的建设只是外向型行为的结果。我们认为外向型和内向型的行为各有益处，但是一开始关注重点的细微差异最后却导致巨大的差别。萨姆采用固定不变的策略，让全体团队成员围绕一个方案操作。奈德让团队成员接受其他观点，经过测试后才确定方案，让全体团队成员始终围绕着一个发现的过程开展工作。

表1-1 内向型与外向型比较

	萨姆的内向型团队 (东南团队)	奈德的外向型团队 (西北团队)
主要目标	建立有激情的团队	了解外部环境的要求
次要目标	通知外部环境团队的决定	建立和谐的团队和企业
团队建设	为了相互了解和分享知识而走到一起	为了了解外部环境而走到一起
启动初期与外部环境交流程度	低	高
用于了解环境、任务的信息来源	团队内部，迟滞的二手来源	团队外部，新的原始来源
与外部环境交流方式	单向的告知	双向：协商、反馈、创造
关注重点	建立团队	帮助企业实施新战略

短期来看，东南团队成员自我感觉满意度较高，更像一个团队，工作也进展得很快。西北团队成员自我感觉比较困惑，作为一个团队对自己所做的事情没有把握。所以内向型的观点能让人感觉安全、直接，并按要求完成工作。但是长期来看，内向型团队早期的满足感会受挫，业绩表现也会受到影响。

他们的意图都得以充分实现，每个团队成员都忠实地执行了领队当初提出的策略。在这个公司中我们考察了五个咨询团队，其中萨姆的团队与学区成员以及高层管理队伍的沟通得最少。在早期，大量的时间花

恶性循环——旧模式是如何导致失败的

费在目标的确定和任务的分配上,随着时间的推移,很多成员都不参加团队的会议,热情慢慢下降。与之相反,奈德的团队保持与学区人员以及高层管理队伍的充分沟通。虽然在早期团队的会议有些混乱,但是在奈德的努力下不断改善。整合型的团队牺牲早期的内部和睦以获得对外面世界更多的了解,而其他的团队通过牺牲对外面世界的了解以获得内部和睦,这样做是错误的。

危险的恶性循环

在年终对高层管理队伍、地区负责人和团队成员的考核中,东南团队得分最低。而西北团队表现优异。

为什么单纯内向型的手段效果如此差?为什么在开始步骤上一点点改变就能让你翻高山如履平地?为什么单纯内向型会切断你与外面世界的联系?为什么早期外向型的行为虽然影响团队早期的进程,但能带来长期的帮助?单纯内向型会遗留下很多问题,最终导致危险的恶性循环(见图1-1)。

让我们逐步分析恶性循环的每个阶段。

1. 起步落后。好的方面来说,东南团队的团队成员能够迅速融合到一起,并把当地的资料汇总。他们还是最先想到在当地能做些什么的团队。问题是,以后他们的工作并没有什么出色的成绩。团队成员发现他们不能有效地分析当地或者高层管理队伍的需求。因为他们的研究很少走出团队的圈子,他们不知道负责人的真实需求,也就不可能有价值很高的创新。他们也花费大量的时间揣摩管理层的意图,将团队的目标与公司的目标结合起来,与高层管理队伍有一定的交流。但是没有学区和上层的信息,团队成员甚至对自己的任务也不完全了解。针对所面临的问题,高层管理队伍实施了一项新的组织规划,要求咨询人员为该

第一章

图1-1 危险的恶性循环

- 团队不能够分析和及时了解管理层和客户等外部相关人员的需求与愿望。
- 团队没有与外部人员建立联系，所以这些外部人员没有参与感。
- 团队成员思维不能超越在初始的任务，固守旧有的知识。
- 团队的工作不能与企业的目标联系起来。

起步落后

死守旧观念，错过新事物

- 团队成员不了解潮流趋势和技术、市场、竞争、企业等的重大变动。
- 他们没有在企业内外寻找同盟。
- 他们不会向其他人了解新知识、学习好经验。

- 企业内其他人认为团队成员不会回应外部的想法，也不会制订应变计划。
- 企业内普遍认为团队很糟糕。
- 他们在企业内没有盟友帮他们消除这些不良影响。

企业内的反应

怪罪他人

- 团队成员在遇到反对意见的时候，将团队以外所有不赞成或者不理解的人都当成敌人。

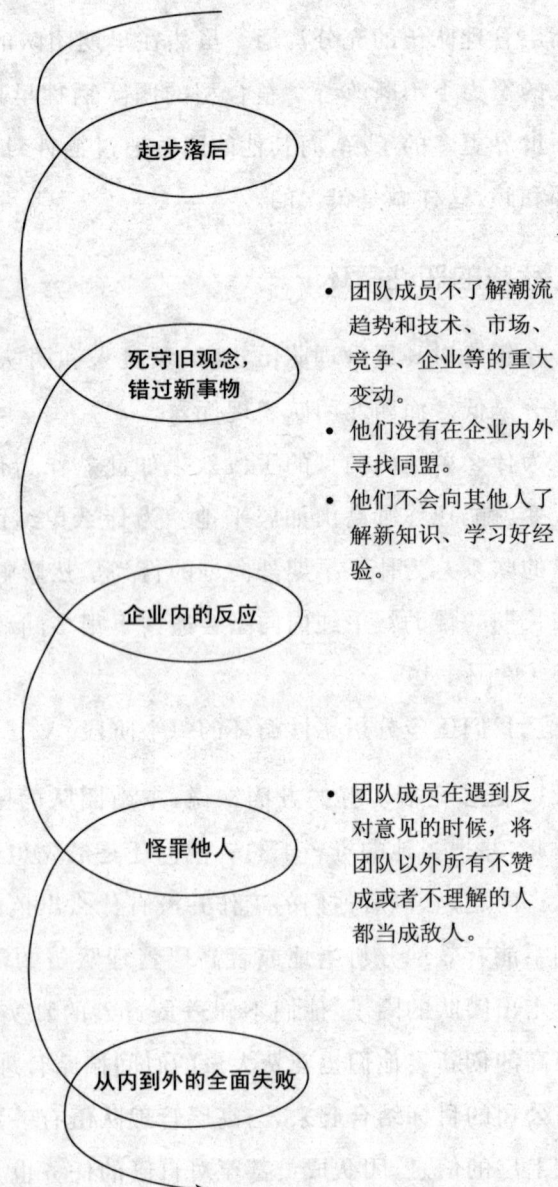

- 不良的声誉加上糟糕的绩效使得团队陷入窘境。
- 团队成员相互指责，并抱怨外部环境"不公平"。

从内到外的全面失败

学区制定相应的新方法。团队成员从开始就已经落后了——还在使用陈旧的信息，用局限性的老思维模式对待工作，因此无法转向新的思维和工作模式。

这些都不能说明萨姆或者他的团队是傻瓜。他们只是犯了一个常见的错误：在面对这个新的艰难的挑战时，他们希望能抱团，相互支持，结果导致他们成为内向型团队。这虽然帮助他们了解相互的观点，并找到对任务的理解，但是他们的观点也许不全面或者已经过时。团队以外的人很想帮助他们，纠正他们错误的观点，却不能被他们容纳。内部抱团让团队更加封闭，他们也就更不愿意离开团队这个安全港。错误因此不断放大。

与其相反，西北团队成员因为与该区域有密切的交往，所以能够更好地预测需求。团队的会议记录表明团队的工作安排能够与市场和公司很好地衔接起来。团队成员了解到该学区的重要事件都必须汇报，这样每个成员都能了解情况。这种一手信息的共享方式也帮助团队成员互相熟悉，在面对困难的时候有团队的感觉。奈德的团队同时保持与高级管理层的接触，帮助总裁安排公司层面与学区人员的交流。当总裁不能参与有些会议的时候，由奈德主持。

奈德开始的时候让团队成员在外面奔忙，不让他们过早提出方案，否则给全体团队成员造成了一定的压力。而其他的团队迫不及待想知道答案。但是奈德解决压力的方法是让团队成员集中精力做一件事：了解自己首先应该做什么。这样让团队成员认识到他们并没有所有的答案，也许别人看到的情况有所不同。这让他们的局面观有所拓宽，让他们获得更新的信息，对进程的变化更加敏感。

对情况有了更深刻的了解，他们就能找到改善局面的方法。在了解情况和用户的需求与愿望的同时，他们和那些在将来有望提供帮助，使业务走上正轨的关键人士建立起联系。特别重要的是，他们建立起与外

第一章

界沟通联系的平台。付出的代价则是较低的团队凝聚力和早期对任务目标的迷惑。萨姆在早期表现得更加积极，因此业绩良好；奈德在挤出时间完成外向型任务的同时，还要帮助团队成员保持团结，说服他们早期的困惑将带来远期更好的收益。

2．死守旧观念，错过新事物。因为萨姆的团队成员以现有的信息和思维来了解市场和高层管理队伍，他们忽略了至为关键的变化。市场需要新的课程种类，但是团队成员从未意识到风向已经改变。高层管理队伍一直努力想使团队成员从他们的专业中摆脱出来，在市场面前表现出多面手的姿态，但是这个信息并没有能够传递给萨姆的团队。高层管理队伍也要求团队收集市场资料，但是因为没有新的信息，萨姆的团队做得很糟糕。简单地说，萨姆的团队依照过去对市场的了解去工作，团队成员与顾客的情况脱节。他们只是被动地反应，而不是主动地工作，虽然做了很多努力，却找不到正确的答案，也找不出错误的原因。于是形成了恶性循环。糟糕的工作表现更加重了开始因为陈旧的信息和思维方式造成的问题。

奈德的团队抓住了潮流的动向，设计出符合市场需求的创新产品。市场需要一种能更好地衡量学校优劣的办法，所以团队设计了学校评估系统。在团队会议上奈德要求团队成员把自己的专业知识放到一边，以多面手的姿态投入市场需求的调查和解决方案的思考中去。奈德要求团队成员以全新的目光看待市场，迎合总裁的要求，设计有创意的产品。这样就形成一种良性的积极的循环，好的主意带来好的结果，对团队内外都产生了积极的影响。

3．企业内的反应。在团队组建三个月以后的一次团队领队之间的正式会议上，各个团队的领队汇报了各自的进展。因为萨姆的团队没有积极地收集市场信息，没有了解市场需求，他们被认为是个问题团队。

每个人都说着萨姆的问题。团队的问题越来越严重,它不但得到很低的评分,而且在公司内的声誉也不是很好。墙倒众人推,团队早期小小的失误被不断放大,助长了公司内关于问题团队的流言。

奈德也汇报了他的团队在学校评估系统上的进展。总裁认为这是在行业内开展工作的典范,并且认为是实施其新战略的好方法。他把奈德的团队当做其他团队学习的榜样。团队士气因此高昂,能够成为其他团队学习的榜样,团队成员都倍感自豪。公司里的其他人都借鉴这些团队成员学习经验,提出他们的见解和意见。奈德的团队一下子成为明星。

4. **怪罪他人**。东南组失利的消息传开以后,团队成员士气低落。他们寻找外面的敌人作为失利的借口。比如,萨姆告诉团队,公司限制了团队的行动,团队领队会议完全是浪费时间。于是团队成员把他们的问题推卸给高层管理队伍和其他不相关的人。不用说,团队与外部的关系进一步恶化,恶性循环越来越严重。

奈德的团队也遇到过同样的问题。他们也听说总裁喜欢听团队成员汇报一些好的事例。奈德告诉他的团队不要像其他团队一样只会抱怨和拒绝,要经常和总裁沟通团队成员的想法,并获得良好的反馈。这样良性循环才会得到不断加强。团队成员利用有关市场和高层管理队伍的最新消息,改进工作方案,相互补充支持,他们分享着新获得的胜利,团结到一起。在引导公司的发展方向上,他们是高层管理队伍的合作伙伴。循环自然地向良好的方向发展。

5. **从内到外的全面失败**。东南团队名声臭了以后,团队成员拒绝高层管理队伍对他们的指导,情况越变越坏,负面影响不断加深。为了回应指责,萨姆说团队需要制订一个行动计划:如何确定客户的需求?如何让团队成员成为技术与市场的中介,以及如何加强对学校的访问?

第一章

这个计划与其他团队几个月以前的计划相似,然而却太迟了。在管理层的评审中,管理层驳回了团队转变的意向。而且最新的数据更加说明了团队留下的负面印象。面对所有这些负面的评价,团队成员开始相互责怪,内部关系恶化起来。成立一年以后,东南团队虽然经过努力,但是没能改善负面影响,最终只能解散了。

第一年以后,对西北团队的评价是工作出色。团队成员认为在团队中的经历提升了他们的能力,他们对市场都有了深刻的了解。积极的工作和外界良好的反馈不断加强,激励团队努力工作。只用了一年,团队成员已开始对团队有了感觉,他们对团队的满意度不断加强。他们对公司的整体看法变得更好,这也是他们工作变得积极的原因之一。

虽然本章关注的重点是一个内向型的团队,我们也发觉有很多团队陷入恶性循环。这些团队的领队既不愚蠢,也无恶意。他们开始总抱着良好的愿望,希望建立高效的团队,创造成员融洽相处的氛围。早期团队的会议显得热情高涨,成员相互了解,交流信息,设定目标,为手头的工作积极忙碌。有时候他们非常幸运,能制定正确的目标和任务,了解客户和管理层的主要需求。但更多的是热情地投入,却不知道自己已经进入错误的恶性循环。

通常这些团队并没有认识到:创造一个封闭的团队让他们感到安全的同时,团队的成员很难走出去看看外面有些什么;过早地确定任务和目标虽然让人感到有动力,觉得有成就感,但同时他们忘记了外界能影响成败的关键人士是否和团队有同样的目标,也从没有想到过把这些人拉过来和团队配合。大宗采购或者支持性任务完成不需要了解市场,与外界配合,但是团队面对的不是这样的任务。他们没有认识到交换信息能建立信任,也没有想到他们工作所依赖的信息和观点已经过时,不适应当前的市场情况。他们建立了独特的语言、标志、行为,甚至设计了特色T恤,这些在让内部变得融洽的同时却冷落了其他外部人。他们的每一步在创造内部和谐的同时遗忘了外面的世界,以至于陷入恶性循环,导致业绩表现下降,最终毁了他们努力想营造的内部和谐。

另一方面,团队一样会犯错误。团队过于外向型的时候,成员没有团队的感觉,他们对外部群体的忠诚度也许会更高。成员因此没有融洽或者身份认同的感觉。他们甚至不能站在一起,把各自认为正确的事情提出来讨论。这样组合不了一个团队,这是名义上松散组合的一群独立个体,不能有效的协作。这样的团队成员会在有可能遇到问题的时候随时离开,选择放弃而不是战胜困难。组织学学者克莱·奥尔德弗(Clay Alderfer)称这两种病态分别为"过强约束"和"过弱约束"。[11]

值得注意的是,内向型和封闭思维的老模式对那些不需要依靠外界环境的群体效果非常好。他们内部有所需的所有信息,不需要跟公司内部其他群体进行交流。这种模式适合于任务简单、没有变化,并且已经获得公司内部支持的情况,当团队内部拥有所需的重要资源,而且技术、市场和策略的影响无关紧要时,这种模式是有效的。

我们在下一章将更详细讨论的内容是:这样的好事情越来越少。当然通过一些精确选出的步骤,内向型的团队可以变得更加融合。团队的角色也可以从单独满足成员工作需要转变为与其他方配合,以及给高层管理队伍和其他方安排分配任务,来创造新的有创意的产品或者提高公司业绩。这样的团队能够摆脱恶性循环,进入良性循环。

第二章　世界在变
——新的组织类型和新的团队模式

今天很多企业既不像20年前等级森严的庞然大物,也不像20世纪50年代的"组织人"的工作方式[1]。组织结构不再是从上而下按所属关系层层罗列,而是呈一个平面上放射状或者环状分布,更多地体现出分工合作,而不是上下级垂直领导的关系。从软件公司、银行到小企业都越来越没有公司的风范和氛围。原来角落里老板的办公室变成了公共的房间,堆着沙发和桌子,成为小团队聚会合作的地方,公司专用停车场则成了午间进行头脑风暴式思考的聚餐地。

同样地,曾经由领导专断的严格等级制度已经被推倒,中级管理层正在消失。决策层虽然仍然负责发展方向和战略决策,但是操作层面已经开始承担起包括战略领导在内的新的职能。集权化组织形式让位于分布式网络和松散的组织形式。过去,重要的信息资源是自上而下的传达,现在变成双向的交流,并最终在整个组织内实现共享。原来由上面指派简单独立完成的任务,现在也跨越多种产品和各个层面来完成。

什么导致了公司今天的巨大变化?需求是发明之母。竞争越来越激烈,部分原因是多数市场增长乏力,过去企业靠着一个旺盛的市场吃香喝辣,每个人都有足够的发展空间,不过这样的时代已经一去不复返

第二章

了。如今企业成长依靠的是创新,要在竞争中生存下来需要有新的产品和概念。如今进入市场的竞争者越来越多,越来越聪明。新的信息技术降低了通讯的成本,让新兴的国家(例如印度已经崛起成为一个信息产业帝国)和小企业能拥有比以前更快的速度、更低的成本和更多的信息,从而在市场中占有一席之地[2]。

在新环境下,公司主要面临三个重要挑战:针对企业家的是如何跟踪复杂、分散、动态的专业化信息,并据此调整自己的行为,在越来越复杂、快速变化又相互联系的任务之间取得协调与配合。

企业在处理这样的挑战时越来越多地采用团队方式。事实上,我们所说的这种变化恰恰说明了外向型团队的重要性。但是准确地说,团队的任务是什么?鉴于竞争越来越多地取决于创新领域,而创新是操作层面而不是决策层面的任务,因此就由团队提供新观点,进行创新,而企业家据此提出新的理念,并将之与决策层的战略联系起来。如今通过创新的产品和解决方案,在捕捉新的战略方向这样领导层面的任务上,团队已经被当做高级管理层的合作伙伴认真对待。这样的任务需要全公司的高度配合,上传下达,外向型团队在这种层级间的领导行为中起到了关键的作用,而且也是我们所说的"分布式领导"的核心组成部分。

其次,重要信息的定义范围得以扩展,变得更加复杂、分散而且变化迅速。为了在竞争的环境里保持领先,公司必须在不同的领域同时保持信息优势,而这个任务只能交给操作层来完成。于是团队不得不担负起越来越多的责任:了解现有的技术、市场、文化和竞争状况,以及寻找专业的技术和信息。团队逐渐成为企业与外部环境交流的媒介。

此外,在新的竞争环境下,企业的压力越来越大,不得不对他们所提供的产品和服务进行整合,更多地采用捆绑销售产品和服务的战略,通过产品和服务共享平台的方式来节约成本。新战略要求团队执行企业越来越复杂而且重要的协调行动。

世界在变——新的组织类型和新的团队模式

这些对团队来说算不上是什么新的挑战,但是这些任务是相互联系的,不可能单独完成某一项。任务之间的联系不是简单随意的,而是动态的、复杂多变的,企业和团队的任务变得越来越难。

新的竞争基于创新,争斗激烈。受其影响,团队在执行任务过程中会面临工作内容的剧烈变化,特别是团队所处企业组织结构的变化、工作相关知识内容的改变和任务结构的变异。在接受呆板的命令指挥的企业里,工作内容无非是指派好的任务,所需的知识结构也相对稳定。在这样简单的条件下,上面章节中说到的面向内部的工作方式比较流行,也足以应对工作环境变化。而在新的松散型分布式的公司中,这样的工作方式就不能适应环境了[3]。如今的团队还要积极与外界沟通,大胆发挥企业内部的领导作用。

我们将举例说明为什么团队需要这样做,范例中的是一些新组织结构下的团队,团队的成员要对团队面对的知识和任务结构的变化进行评估。

新秩序

进入 21 世纪,通讯产业巨头摩托罗拉已经走向衰落,这个原来移动电话产业的开路先锋,已经被斯堪的纳维亚半岛上更灵活的对手甩在了后面。不但是爱立信和诺基亚,甚至像三星、LG 这样的韩国公司也已经赶到了前头。问题在于,和历史上很多类似的先辈一样,摩托罗拉膨胀成为一个巨无霸,就像扬基集团分析员约翰·杰克逊(John Jackson)说的那样:"它已经成为一个臃肿的、靠技术支撑着的中西部公司的典型。"[4]而现在的竞争已经明显变得档次更高,更具有侵略性。

为了摆脱臃肿、推动创新,公司决定模仿周围的其他公司:解散其中央集权的组织结构,撤销中间管理层,将责权转移给那些提出新想法的产品开发团队。高层打算通过推出出类拔萃的高端产品改变摩托罗拉

第二章

的形象,但是公司内的一些团队却发现:这个战略效果不明显,直到 Razr 团队的出现,松散型、分布式组织结构才真正改变了局面。[5]

Razr 是一个任务团队:它在设计一款新手机,比现有的所有产品形象都更酷、线条都更流畅。形象酷、线条流畅并不是什么新东西,但是这个团队计划生产一款超越性的产品,一款名副其实的"剃刀"电话。团队面临的不但有技术上的挑战,还有竞争环境下所谓智能电话带来的威胁,智能电话能提供电子邮件和网络浏览等多样服务,给团队造成巨大的压力。

团队的任务不但要反驳公司里的传统概念,同时也要对抗行业的潮流趋势。和很多其他团队一样,Razr 团队发现:尽管企业的策略是尊重产品开发团队的自主权,但是如何去做到这点并没有确实的途径可以遵循。光靠 Razr 团队的绝妙想法、独特视角和技术还是不够的。在这样一个庞大、传统、现金管理严格的公司里(虽然摩托罗拉已开始将其组织结构松散化,但这并不意味着它保守、厌恶风险的文化传统就已经改变),团队需要找到足够的资源以推动一个艰巨的、反传统的项目。最终,通过游说了研发部经理、营销主管和首席执行官后,艰难地将团队的思路、想法与公司协调一致,Razr 决定采用外向的观点。

在以后的章节中,我们还将详细介绍 Razr 团队如何达成目标的。目前的阐述已经清楚地描述像摩托罗拉这样的公司如何减少执行层的指令和控制,将经营职能转移到操作层,并迅速转型为松散型的组织。这里经营职能指的是如何用新的观念去迎合客户的需求,经营职能还要求建立上下级垂直沟通,将团队新的观念与企业的战略方向联系起来,甚至是根据操作层的实际情况重塑企业的战略。这样的结果将企业的很多领导职能交给那些超越等级和功能划分的团队。

新的秩序要得以实施,需要通过领导联络企业的各个层面。企业不但要将组织结构松散化,还要把 Razr 团队的观点与企业的目标协调一致起来，企业的目标包括改变摩托罗拉臃肿的形象等，那些最接近目标的企业将获得竞争的胜利。外向型团队在团队内外沟通，把参与者团结起来实现目标，并保持不断创新。

为什么我们要把旧企业组织结构松散化摆在首位？我们前面曾说过：总体来说，竞争变得越来越激烈。另外竞争的实质也与以前大大不同，竞争要求反应迅速、适应环境，最重要的是要求创新，而传统命令控制型企业几乎不可能进行创新。

由紧到松

网络经济的兴起让许多企业从长期以来紧张的削减成本中解脱出来，这些企业又通过合并、兼并，重新致力于疯狂的增长。合并已被证明是很难成功的，其中一些典型的例子包括：汽车巨头戴姆勒-奔驰与克莱斯勒合并成戴姆勒克莱斯勒，合并的道路漫长而艰辛，以至于董事会很多成员都失去了信心。如今企业更多地依靠创新的策略，用新的思路来开发新产品、拓展新市场，从而实现内部成长。

通用电气（GE）已经有130年的历史，它的首席执行官杰弗里·伊梅尔特（Jeffrey Immelt）正尝试让这个美国工业的龙头老大来个翻天覆地的变化，将通用电气的未来发展建立于"能让举世瞩目的科技创新"上。[6]早在他刚接替传奇人物杰克·韦尔奇（Jack Welch）担任首席执行官后，伊梅尔特对公司的高层说："公司的未来建立于创新之上，他期望公司能健康而高速地成长，并希望他们能在思维上创新，在新业务上提出好点子。"

新的竞争建立在创新的基础上，对公司的要求已经发生了很大的变化，创新和快速适应环境不再是执行层能独立承担的工作了，这个世界已经变得太复杂。如今最重要的是信息，如客户、市场、技术、地区分布、当地需求情况、文化氛围等。这样就要求将领导职能从执行层推广到操

第二章

作层,这样他们之间能够迅速沟通交流。而且组织结构也要从指令控制型的紧密架构转向注重合作、培训的松散型组织。也就是说,执行层要建立一种能培养出领导意识的组织结构,同时仍然需要将自己的观点和战略与下属的工作结合起来,以此控制好工作进度。这样做的效果目前来说仍然处在探索中。比如通用电气的公司形态已经由亿万级企业集团转型为类似于车库类型的新兴企业网络。

对于团队来说,这样意味着领导权力下放到操作层面,执行层开始重视和操作层的沟通交流,团队受到了重视。在摩托罗拉的 Razr 团队很典型,团队也必须掌握自己及企业的命运。例如许多公司越来越多地在执行层面运用全球观念运营,而由操作层面在接受观念后投入行动。[7]没有了上级的明确指示,团队需要自觉将自己的行动与上级的战略保持一致。对企业家来说,这是挑战,也是机会。团队需要适应甚至是改变既定的观念,为此团队要想办法与高级管理层以及企业的其他成员沟通,让他们接受团队的建议,并给出适当反馈。团队要关注内外两个方面的状况。

另外一个相关的案例是 20 世纪 90 年代后期变化中制药行业的一个团队。

Pharmaco 公司的狐狸团队

Pharmaco 公司作为世界上最大的医药公司之一,在最近激烈变化的医药行业中大出风头。[8]在这个时代,新科技就像神话般不断开发出新药;人类基因的解读成功也掀起了人类生命神秘的面纱;科学家对疾病的了解也越来越深入。新科技将药物研制从试管里的化学物质盲目混合尝试转变为自动化的大工程。但是即便是这样,近年来大医药公司的研究成果仍然不尽如人意。就像 Novartis 药品部前任主管杰里·卡纳贝拉斯(Jerry Karabelas)所说的:"数据,到处都是数据,就是制不出药品。"⁹ 这个行业经历了一场合并、兼并的狂潮，期待能带来生产的革命，可是得到的还是失望，真正的创造少得可怜。

与此同时，最近医药行业大部分的创新都来自于新成立的小企业。于是大的医药公司将他们用于研发的精力转投向寻找、评估和购买小企业有创意的合适配方。这就是狐狸团队登台的背景。

在20世纪90年代后期，Pharmaco响应行业的潮流趋势，让组织结构变得比较松散。经过了接连两次合并，管理系统已经不那么严密，执行层更多地关注于结构和法律问题，以及争取自己在权利金字塔上的位置，而不是关注药品研发这样的主营业务。在企业内部缺乏突破创新的时候，Pharmaco新的战略目标则是从外部寻找新的创意。这个任务就寄托在狐狸团队身上。

对于狐狸团队以及企业的其他药品研发团队来说，与松散的组织架构结合的新的战略意味着团队有更自由的行为空间，但是同时也意味着承担创造价值的巨大责任，这可以从团队的命名上看出：狐狸和刺猬，这些名字都是从阿尔基洛科斯（Archilochus）的诗篇中获得的灵感。刺猬意味着只需专注于一件事情，而狐狸意味着需要懂得很多，就好像一个团队成员解释的那样：团队需要承担起整件事情的责任。Pharmaco一直在寻求通过购买或者研发得到消炎药，可是至今尚未获得相关的专利药物，这是狐狸团队面临的一项重要挑战：只有很小的一群生物科技企业掌握了相关的药物专利。

而几年前，团队会接到执行层直接明确的指令要求他们去完成这项任务。虽然整个过程将受到官僚主义严重的执行层的死板控制，但是同时团队也会得到管理层自始至终的关照和支持。而这一次狐狸团队面临的是全新的挑战，团队成员的工作与以前不一样，也与目前Pharmaco流行的团队工作方式不一样。

首先因为执行层不再插手，狐狸团队不得不自己动手，整合资源，投

第二章

入到费用高昂而且有风险的项目中,并努力在与其他项目的竞争中生存下来,这不像以前资源是有保证的,只要按命令行事就成。其次,竞争的项目不少,而可供挑选的研究人员有限,狐狸团队的领导不得不游说相关主管为团队配备宝贵的人才。这些都是巨大的挑战,以后章节里我们会再介绍狐狸团队面对的这些额外的挑战,以及团队的取胜之道。但是我们现在要说的是:为了达成任务目标,狐狸团队需要在团队内外以及与执行层进行大量的沟通与交流,这些都是 Pharmaco 的团队以前没有做过的。这是一种新的工作模式,由狐狸团队主导,而高层管理只是跟随。这种角色的转换是分布式领导的重要内容。

和摩托罗拉的 Razr 团队一样,狐狸团队的故事并不是偶然的意外。伊梅尔特的"灵感突破"策略催生了通用电气内的车库类型的新兴企业网络的启动。实际上,这是团队的舞台,团队能够支持企业起步和腾飞。团队之间的区别在于,他们如何处理与企业整体战略之间的关系。

让我们将目光转向底特律的戴姆勒克莱斯勒,它这时正在经历一场合并的狂流。它拥有一些研发新车的团队,团队研发出各种新的车型,他们的努力成就了企业的发展。企业团队面临挑战,任务艰巨。新的车型要求比现有的车型更好看、好用,还要有更高的性价比,而且说服高级管理层接受新车型也成为团队的责任。

我们在本章提及的各个团队有各自的行为方式,不过他们面临的外部环境有很多相似的重要特征。创新催生出松散的组织形式,而松散的组织形式给予团队工作更多的自主性,随之而来的还有更多的责任,他们需要付出更多的精力让执行层相信团队的工作符合企业的整体战略,值得投入。这个责任因为知识结构的调整而变得更有挑战性。

知识群

让我们回头来看摩托罗拉的 Razr 团队,他们在早期就发现自己遇到了大挑战,他们打算研发一款纤细漂亮的手机,创意虽然简单,但是从技术上实现却不容易。一个重要的问题牵扯到发射和接收信号的天线。为了防止手机信号失真,天线不能照目前标准的做法放置在顶部,而要集成在手机机身内,Razr团队的挑战就是要找到能把创意变成现实的专业人才。以前在摩托罗拉专业人才对于团队来说是唾手可得,然而世道变了,技术突飞猛进,客户的口味越来越挑剔:要求工艺设计和技术结合最好的产品,这使得产品设计变得更加复杂。为了找到最满意的方案,Razr团队不得不从团队以外甚至是公司以外寻找高级人才。

基于创新的竞争正变得越来越激烈,企业要生存必须掌握信息优势。而今对信息的定义也发生了变化。过去几十年里企业的组织结构逐渐由金字塔式的等级制度转向更松散的扁平化结构,与之对应的知识结构也自然从上下层次分明的一座高山变成同一平面上的一群岛屿。[10] 在那些推动企业组织结构变动的竞争压力下,知识岛群快速扩张、快速变化着,更多数量、更多类型的岛屿加入进来。客观地说,知识岛群的变化很大程度上促进了能适应环境的松散型机构的需求。

首先,在创新主导的环境下想要成功,科技知识至关重要,而科技知识变得更加复杂、先进,也更加分散。在这些因素的综合影响下,信息收集的难度越来越大;知识结构的第二项重要变化则是瞬息万变的市场信息的需求;第三项变化是对迅速变化的客户的实时信息的需求。因为对所有类型的知识的需求都在急剧增加,这些变化带来的压力骤增。[11]

对于第一项变化,企业内部的价值增值行为越来越迫切地要求对不断更新的科技知识进行更细致的划分。这体现在拥有博士头衔的雇员人数的不断增加,在生物工艺和计算这样技术密集的行业是这样的,在银行和保险这样的行业也如此。专家要在相关领域里保持领先,就需要不断了解最新的专业信息,并保持与同行的联系与交流。于是严格的金字塔体系越来越不能反映内在知识的价值与数量。

第二章

在知识领域划分更细致的同时,知识在组织和地域分布上呈现出分散的特性,部分原因是由于领域的划分。当知识越来越先进,一个企业或者组织的知识库也就越显得拥挤。这对行业结构也有一定影响,例如,知识是现代药业发展的关键,随着分子生物技术革命的复苏,我们突然发现,除了现有的制药企业以外,散布在硅谷和波士顿高校周围的新创生物技术公司也拥有相关知识。

这样就涉及知识结构的第二项重要变化——市场上充满复杂的客户群,他们的要求瞬息万变。这在另一方面也反映出技术知识正在变得越来越复杂与分散。随之而来的还有第三项重要变化:更多的竞争对手争相利用情势,努力超越反应较慢的对手。这些竞争对手数量之多、战术之聪明、战略之激进、参与竞争的范围和方式都是前所未有的。要抓住这些竞争者的踪迹很难,但是要想获得竞争的胜利就越来越多地要依赖于变化的知识。

这对团队来说意味着什么?作为创新行为的先锋,他们必须寻找他们现有环境以外的知识并予以恰当使用,很多时候这种知识要从公司外部获得。复杂细致的领域专业划分,再加上知识因地域分布呈现出越来越显著的分散特征,因此团队要完成自己的任务,却得不到需要的知识和信息。他们需要的知识信息有些是技术,例如从特定的领域获得的最新的科学成果,也有些是市场或者竞争对手的信息。对于一个产品研发团队来说,没有这些关于技术、市场和对手的实时信息的后果是灾难性的,比如设计出一款技术复杂、没有需求而竞争对手早已经占领目标市场的产品,企业将空忙一场。也就是说,除非团队对外部环境投入密切而持续的关注,否则研发的产品也许还没有上市就已经过时。

促使团队从外部获得知识信息的理由还有:竞争的压力使得团队没有时间自己研发相关技术。有时候也会出现其他团队正好拥有能解决自身问题的现成办法,这就要求团队去寻找这样的目标,向他们学习,并找出最佳的方案。

　　再回到我们说的 Pharmaco 公司的例子：狐狸团队的任务是研发一种新的消炎药。这些年 Pharmaco 公司在药品研发方面积累了大量的经验，不过不是在消炎药这个方面，所以狐狸团队想要找到理想配方的话就必须依靠外部资源。另外，虽然狐狸团队能接触到顶尖的医疗队伍，却没有适合研发初期的优势技术和知识。狐狸团队要面对的挑战还不止这些，面对如何制定并实施配方研发的复杂步骤，本来有约定俗成的规范，但狐狸团队因为以前没有接触这类药物的经验而不了解。要获得成功，团队不但要了解哪里有相关知识，还要知道如何引进知识。如果狐狸团队想要在复杂动荡的市场上显露头角，这个任务就更难了，这里的关键是客户和竞争对手的准确信息，在高度保密的医药行业，要获得这些信息对于团队成员来说难度不小。

　　与之相仿，通用电气的首席执行官伊梅尔特要求团队执行其"突破想象"策略，但是通用电气的"车库"团队常常会发现他们在企业内部找不到相应的信息资源。例如一个团队开始研发一种超小型的喷气式引擎，却发现虽然通用电气拥有世界级的喷气式引擎技术，但是在如何将引擎小型化的知识方面却没有优势。而通用电气家庭保安系统分部的另一个团队相信，报警系统的性能还可以大幅提高，可是缺乏软件技术的支持，因此他们无法实现目标。寻找合适资源的难度已经大大超出他们能力的范围。

　　另外的一个例子是戴姆勒克莱斯勒的团队，他们的任务是研发性价比高的新车型。虽然设计阶段的早期有很好的机会降低成本，可惜团队缺乏能把握机会的相关知识，这些知识不在他们掌握的范围之内。

　　这些团队都存在同样的问题：在越来越激烈的竞争环境下，竞争获胜所需的关键信息变得越来越复杂、多变，而且呈分布式分散。团队想完成任务，却无法在团队，甚至是公司范围获得需要的信息知识，而需要

第二章

到更大的范围去寻找。知识结构的这些变化远超出团队项目所包含的范围。

任务边界的扩张

Pharmaco 的狐狸团队面临着严峻的挑战。首先,为了确认在 Pharmaco 以外可能的突破性药物,还要寻找有能力评估和研发这种药物的专家,团队就必须付出额外的精力;其次,他们必须与执行层保持密切的联系,以保证项目正常运行所需的资源;第三个挑战则是,在项目执行过程中,他们要始终保持与其他团队的协调沟通,其他团队虽然研究的是不同药物,但是大家研究的都是一个门类下的药物,需要同样的资源。狐狸团队必须时常与其他团队沟通,以确定资源的分配,例如在实验室安排和活性成分购买等问题上,需要和很多团队进行谈判协调。另外狐狸团队还配合其他研发中的药物进行营销宣传,以统一的口径树立起公司在消炎药物类的品牌形象。

当然,所有这些只是用来说明现代企业内任务结构的变化,及其对团队的意义。企业的运作从来就没有所谓完美的秩序和稳定。在很多旧模式的集权型企业里,环境相对稳定,目标明确,任务也倾向于重复不变,分工细致。竞争压力导致企业结构和知识结构的变化,同样也影响到任务的结构。随着企业和知识结构的不断变化,团队越来越依赖跨越于人员和企业间的知识结构和工作流程,这些知识结构和工作流程不断变化,打破了层级和组织结构的界限。企业组织结构和知识结构扩大了团队任务的范围,改变了团队工作的内容。如果一个团队觉得自己的知识不足以应付任务要求,它会与拥有相关经验的团队建立横向联系,这样的话任务就变成团队间的合作、协调等一系列的工作。这样的相互关联使得工作的难度和复杂程度都大大提高了。

不过,也许越来越激烈的竞争才是任务结构发生战略改变的真正原因。冷酷的市场给商品定价造成越来越大的压力，这时候，捆绑销售成为热门的策略，这种策略就是将多种产品一起推销给客户，能给企业带来更多的边际利润。其中最知名，也是非常成功的例子就是微软的视窗系统平台策略，鼓励客户购买与操作系统兼容的一系列软件产品。另外一个例子就是 Pharmaco 的消炎药系列营销策略。捆绑销售策略要求企业几个部门同时配合。与此同时，整套销售系统比单纯部门或者单件产品的销售需要接触更多的领域，增加了相互间的依赖。

另外，捆绑销售通过共享资源和产品平台，成本得以大大降低。例如在戴姆勒克莱斯勒，要提高采购的效率，不但要求加强公司内部与新车型设计相关各部门的联系，而且也牵涉到与主要供应商的联系。

随着对速度越来越多的渴求，原来按部就班的工序逐渐转变为各个工序、各个部门互相关联、互相依靠。设计工程师不再是设计好车型后简单地甩手交给生产部门，否则车辆生产时很可能出现意想不到的产品问题，会导致生产延误。而转变后，设计工程师就要与生产工程师交流，说出自己的思路，并了解是否可行。这样的流程相互关联，不断回溯，而不再如以前那么先后分明。

对速度越来越多的渴求也导致任务分解的出现。一项任务可以被分解成多个组成部分，交给不同部门来完成。对部门间配合程度的要求也不断提高，以保证组件整合成产品时的高效率。

流程的关键是团队需要互相配合，以保证与产品、系统方案或者生产平台间的紧密协调。在目前不断变化的竞争环境下，这些协调配合的时间要求都非常紧，难度就更高。企业对时间和协调性的战略要求增加了团队的工作量，也使得团队更加注重相互交流与配合。

Razr 团队所选择的产品设计要求有技巧的配合。Razr 团队所依赖的营销人员、生产经理和财务部门工作所运用的标准原来有很大的差异，很难做到无缝的联接。而微软、戴姆勒克莱斯勒和 Pharmaco 的团

第二章

队也同样发现它们的工作与团队外的协调不可或缺。考虑到药品研发涉及的复杂检测工艺,狐狸团队不得不通过复杂精细的手段协调繁多的规则与生产流程,这是个高度知识密集型的任务。

所有团队都需要密切注意的是,再多的团队内部工作也不足以保证任务的完成,而团队间的相互配合和相互依赖非常必要。我们将在下一章深入讨论这项极其复杂的工作。

分布式领导的必要性

我们多次提及,在企业组织形式发生变化的关键时刻,分布式领导有着举足轻重的作用。在当今世界中竞争性和复杂性愈显突出,节奏也不断加快,知识、技能与经验分布在不同的个人与组织手上,在企业内实施分布式领导非常重要。[12]高层的有效领导还远远不够,领导职能需要分布到企业的各个层面中去。

在制定战略的时候,首席执行官需要依赖于那些对市场潮流与竞争形势更为了解的其他人。首席执行官需要有人根据不同地域和人文环境实施战略,需要有人在第一线现场领导,管理客户与供应商,进行危机处理。各个层面的领导需要互相配合,保证他们的行为不会与企业其他部分的活动发生冲突。

分布式领导是新企业模式的重要组成部分,而团队则是分布式领导的支撑基础。团队是企业的眼睛,拓展了企业的视野,丰富了企业可行的策略。团队生产产品、执行操作、尝试新方法,所有这些最终给企业带来了实际的产出和收益。团队将抽象的概念转化为实在的项目和行为,影响了企业未来的战略和可能的发展方向。

以创新为动力的竞争以及其他环境的变化导致企业的变动,而企业的变动无疑改变了团队的处境。企业不再是集权企业的基座,而是松散分布式系统里拥有伙伴的成员。团队的知识结构也变得复杂、分散、快速改变，不再是接受信息，听从指挥，完成任务的简单模式。团队的任务也变为需要与团队甚至是企业外部更多的交流。面对各种挑战，企业不得不形成新的组织形式，采用分布式组织。而这种新的组织形式要求团队来实现在各个层面的有效领导。

本章我们着重讲述了新的竞争压力及其如何激发企业结构、信息和任务间相互依存关系的变化。但是也有一些不确定的压力更加深了团队和企业工作的难度。例如：全球变暖、贫困、环境污染以及政局动荡等。社会和企业普遍认识到政府和非政府组织都无力单独面对这些问题，这些问题非常棘手，需要各种组织打破界限，相互配合，找出创造性的解决方案。这些工作很多都要靠团队来落实，团队要超越他们的界限，与企业或者组织内外的其他个人或者势力配合，才能解决我们面临的难题。

所有这些都需要牵涉到外部拓展行为。没有外部相关人或者资源的联系交流，再完美的团队内部行为也起不了什么作用。只依靠内向型行为是不能让团队做到创新与变革的。只依靠内向型行为也不能使团队承担起分布式领导的重担。如何应付这样的挑战，在上面的章节里我们并没有给出相应的方法来帮助团队解决问题，以避免陷入恶性循环。这些方法确实存在。在本书引言里我们曾经提及外向型团队的三原则，我们下面将介绍这些方法。首先要说的是，团队将采用哪些外向型行为来迎接新的挑战。

第二部分 是什么在发挥作用

X-TEAMS

第三章 外向型团队原则一
——外向型行为

贝尔克公司是一家电信公司,在一场重要的重组过程中组建了大银行团队。[1]此后公司不再经营普通市场的产品,而是针对特定的客户需求,将指定规格的几种产品进行捆绑后作为一套复杂的系统交给客户。为了适应这种改变,销售队伍按金融、软件和医药等不同行业而不是地域划分为不同团队。企业进行重组的目的在于,通过行业划分致力于推销附加值更高的产品,期望以此提升利润率以及市场份额。

大银行团队有五个成员:两个销售人员[琼·伊夫(Jean Yves)和薇姬(Vicki),薇姬是正式的团队队长],两个操作员[兰迪(Randy)和拉塞尔(Russell)]和一个系统设计师[罗伯特(Robert)]。开始的时候,他们都不清楚如何在金融领域进行营销,但是决定自己努力去摸索。这个新群体成立后,他们在当地的一个酒吧聚会。大家谈论着要等待新的指示,薇姬认为等待完全是浪费时间,上级的指示对团队的实际操作不会有太多帮助。

薇姬说的很正确,高级管理层负责制定新的决策,而实施只能靠团队自己。公司的指示内容有限,新成立的各个团队根据公司的战略方向找出适合自己的路。领导职能由执行层面转移到各个团队,把高级管理

第三章

层的想法变成现实。薇姬的态度很坚定,但是团队要担负起这种领导职能就需要面对一系列全新的问题。例如,团队将如何获得所需的信息?如何能让上级领导配合把团队的意思传递给客户?还有,大银行团队要向金融企业推销通信系统,这中间有很多复杂的步骤,团队不但要设法让产品符合客户要求,还要让客户能接受团队的报价,除此以外还有安装手续等,这些还只是没有特殊要求的基础任务。薇姬和她的团队要想办法完成团队的这些任务。

让我们看看西北团队、狐狸团队以及摩托罗拉的 Razr 团队,他们在面对和大银行团队同样的难题的时候是怎么做的。他们需要什么特殊工具吗?他们在处理这些问题的时候如何避免第一章所说的那种危险的恶性循环?

要想起步顺利就要坚持严格的外向型行为,并调动团队内部的积极性。表现较好的团队不拘泥于团队界限,向外寻找所需的信息与支持,了解团队工作内容,处理好与团队有关的各种政治与权力斗争,与能帮助团队成功的其他组织群体合作。这就是我们所说的外向型团队三原则之一:**外向型团队需要参与大量的外向型行为**。

有效的外向型行为包含以下三点:搜寻、交际和任务协调。

团队往往自认为了解团队的任务、客户的需求、技术的发展方向以及相关市场和文化环境的期望,可是他们往往弄错。很多团队并没有领会到:即使每个队员都是天才,拥有最出色的想法,他们也还是需要收集一些信息才能完成任务。没有信息,队员再出色也无能为力。所以团队必须努力了解其他人的需求与期望,不断更新那些对团队有用的重要人物的信息;要了解公司内外哪里有所需的信息和经验知识;要了解最新的市面变化,知道有哪些新的挑战与机会;要很好地了解外面世界的情况以便自己能作出相应的调整。总而言之,团队需要参与"搜寻"行为。

除了搜寻,如果不能让高级管理层看到团队的成果,不能把团队的工作与企业战略结合起来,不能从其他人那里获得资源和其他协助,团队即使主意再好,产品再出色,再怎么努力,也不一定有收获。所以成员应该经常去争取外面的资源,推销团队的想法,得到高级管理层的支持。所有这些工作,我们称之为"交际"。

最后一点,在很多时候,团队之所以失败往往不是因为成员没有完成所安排的工作,而是因为其他群体没有给予适当的配合,因为成员不能和企业内外的相关群体达成一致,甚至仅仅因为某个群体对这个项目没有兴趣而导致任务的失败。尽管失败的团队经常找出这样那样外在的原因来推脱责任,但是埋怨是没有用的,还会给团队氛围带来不好的影响,最后承受苦果的还是队员自己。但是队员还可以以更积极的方式处理与公司内外其他群体间的相互依赖关系,那就是采用"任务协调"。

我们曾经说过:成员执行这些外向型行为并非出于本性,在早期更是不容易,外向型行为开展艰难。成员刚刚聚集到一起的时候,疑虑和焦躁气氛浓厚。团队面对棘手难题,寻找方案,着手解决问题的时候,队员不得不直面很多严酷的问题,他们发现自己对整体的任务或者手头的工作并不是完全了解,他们与影响任务成败的关键人物对工作的内容和方向的看法不一样。最麻烦的问题是,新观念还没有完善的情况下,如何应对随之而来的压力,如何让高级管理层接受新观念,以及如何让其他团队来配合。

所有这些只说明一点:团队要成功,就不能埋头只做自己的事情,还要与高级管理层的意图联系起来,而高级管理层的意图并不总是切合外部的实际情况。团队不能单打独斗,他们还要依赖于一大群其他的个人和群体,而这些个人和群体并不一定愿意提供帮助。与其想办法减少疑虑或者解决当前问题,团队成员不如正视自己的疑虑,积极应对,努力去寻找前进路上所需要的信息。

而这个是团队队长的工作了。队长需要营造一种安全的环境以平

第三章

息成员不可抑制的疑虑,这种疑虑很正常,它会大幅地降低队员工作的积极性。队长还要创建一个可以融合外向型和内向型行为的架构。队长要有清楚的认识,保证有效地执行搜寻、交际和任务协调。幸运的是,外向型团队中的每个成员都会承担一定领导职能,这样不会让一个人的压力过大。外向型团队本身就是一种分布式管理的形式。下面让我们仔细研究这些工具中的第一项——搜寻,看看它是如何帮助团队突破短视的内向型观念的。

搜 寻

让我们回到大银行团队的例子。当团队被指派的队长薇姬终止了团队关于等待上级指示的谈话的时候,她其实已经有了另外一个计划:大银行团队在新格局下将扮演怎样的角色?她建议让成员走出去询问公司内的其他群体,这样做的话会不会更快、更详尽、更有操作性?

团队在开始搜寻的时候动作很小、很谨慎。成员两个一组分成几个小组分别与技术支持、安装和销售部门的人交谈。他们提出了很多的问题:什么时候可以开始销售?需要帮助的时候应该找谁联系?你们有什么需要了解的事情?在相关项目中我们怎么配合你们的工作?有些时候队员能直接获得答案,有些时候他们被指引去找其他人,有些时候找不到答案只能凭感觉去做。然后队员集合汇总信息。因为搜寻任务清楚,大量收集来的数据也让他们了解了情况,队员们的疑虑开始减少,信心开始增加,他们在头脑里有了任务如何开展的思路,据此投入进一步学习。

在未知的世界里,搜寻队的任务之一就是探索,收集周围地区的信息,了解前面的路是否安全。这些也就是大银行团队搜寻行动的目的。搜寻包括为了了解外部世界,让队员明白下一步是继续前进,还是要对目前的工作进行调整。同时让团队了解前面的难点,以及周围环境的危险程度。

　　大银行团队逐渐明白了:搜寻是为了了解关键客户需求,收集公司内以及行业内的相关信息。搜寻包括进行广泛的调查,了解知识经验之所在,了解市场最新的流行趋势。搜寻就要研究客户、竞争和新技术。通过搜寻,团队会发现以为是竞争对手的企业也许并不是最大的威胁,蚕食着企业市场份额的也许不是街对面的大型公司,而是万里外的中国廉价的供货商。简而言之,搜寻就意味着接受新潮流,随时了解世界的变化。搜寻让团队成员感受周围的世界并对外部环境有一定的了解。[2]

　　搜寻也意味着找出信息和技术经验中的关键。我们遇见以及一起工作过的团队采用很多不同的搜寻手段,包括从昂贵的大规模行动(如聘用咨询师)到快捷便宜的方式(如上网搜索或者请学校教授喝咖啡的时候咨询)。许多搜寻的手段是通过观察与谈话,团队成员也用过调查、与当事人会面、查找文献和咨询分析报告等方式来了解不同群体的想法和做法。

　　除了特定的技巧手段,搜寻还需要有警觉的心态和氛围。安德鲁·格罗夫(Andrew Grove)所建议的"要做妄想狂"也许过于夸张,但是这句话也反映出敏感的重要性,有了这种敏感就能感应到大的变动(格罗夫称之为"战略变形点")对团队可能的影响,这些变动可能发生在客户需求、市场焦点、技术突破、战略方向等各个领域。[3]当团队在生产某种产品而客户的兴趣正转向另外的方向时,如果队员能及时了解到这个趋势,那么就有机会作出恰当的应对。

　　另外,有效的团队控制着信息收集的数量。当问题比较复杂,信息分布比较散乱的时候,搜索的任务就会很频繁,也比较困难。因为市场不断变化,技术不断更新,搜寻不可能是短时间的一次性运动,而会长期持续下去。有时候搜寻行动会贯穿于团队的整个存续期间,因为在团队的每个工作阶段中,都要搜寻是否有可能导致团队的工作过时、无用的

第三章

因素，以及环境的变化。但是对其他团队来说，早期广泛的搜寻最多也不过是给任务打打基础而已。过多的搜寻会导致数据分析拥挤，对创意实施的过程会形成阻碍。

简单地说，搜寻的行为应该从多个方面来看待，它包括三个主要任务：探查企业的内部情况，监控外界的趋势走向，同时监控客户和竞争对手的行为，以及代位法情报了解。

探查企业的内部情况

了解团队的任务到底是什么，任务的关键人物是谁，大家期望最终产品是什么模样，这些就是搜索的主要任务。搜索还包括了解其他人对团队的某些文化方面的态度，这些态度是默认的潜规则，并没有着于文墨。团队成员也许认为自己知道这些问题的答案，可是他们的答案也许已经过时，或者有偏差，甚至完全搞错了。他们需要重新探查，花费时间来了解企业内其他人对团队工作的评价，这个工作很重要。

对大银行团队来说这不过是做一些早先说过的初始搜索行为，然后向公司了解一些问题：新的补偿制度是如何运作的？团队成员想要拿到红利的话应该销售哪些产品？销售多少？团队成员与新企业的设计师接触，提出如下问题以了解他们心目中团队将会如何运行：在某个阶段团队应该如何作为？他们是否要确定新市场的一些要点？销售是否会在第一季度开始？简单地说，成员要尽可能多地掌握他们要面对的新领域的情况。

大银行团队逐步弄清楚了，公司的设计部门设计新的组织架构不只是为了提高公司的竞争地位，而也是为了改变企业的文化氛围。原来总是需要产品的客户来找团队，如今团队要变得更激进，要上门主动寻找客户，根据客户的需求量体裁衣。这种事情在贝尔克公司是前所未有的，公司也没有明确的指示告诉成员将如何从其他人那里获得自己需要的知识经验以及配合,也没有告诉他们如何去学习销售的技巧。当其他团队还在按老习惯工作,等待指示时,大银行团队已经决定迎接挑战了。

探查客户、竞争对手和最新的潮流趋势

一些搜寻工作只是在企业内部进行,更多的则是了解企业外面的情况。通常了解客户需求占了很大比重,但是同样也需要对供应商、竞争对手、科技群体、咨询人员和行业专家等进行搜寻,主要目的是找出团队成员需要了解的重要对象,并了解这些对象的思维、感受、判读、期望、喜好、担忧以及欲求等。对有的团队来说要点是测试客户,对有的团队来说是用来找到最新科技或者有价值的信息,还有些团队的目的就是想超越对手。不管要达到什么样的目的,都需要对这些领域有新的认识和全面了解。

大银行团队现在明白自己必须把注意力集中在针对大型银行的销售系统方面。而外部的搜寻集中在客户和竞争方面。团队成员在这个方面还是新兵,要迅速学会如何去搜寻对他们来说还是有压力的。于是队长薇姬和她的销售伙伴琼·伊夫开始大量阅读金融业的有关资料,寻找新的趋势与需求。因为他们俩的销售责任最重,他们需要学习更多的知识,了解新的交流方式,以便和客户沟通。他们访问了几个和他们关系密切的客户,把贝尔克公司的改革方案告知客户,询问客户对公司设想的系统是否有兴趣,性能方面有什么要求,以及可接受的价格在哪个范围等。他们提出问题:"如果我们提供类似的东西,你们会不会愿意购买?""如果不愿意,理由是什么?"

与此同时,兰迪、拉塞尔和罗伯特在忙于了解竞争对手的产品。他们接受过技术训练,将负责系统的设计和实施,所以他们关心的是对手销售的是什么产品,以及从开始销售到达成交易的过程。他们访问了一家银行,这家银行原来的客户转向了另外一个产品更复杂的供应商,他

第三章

们想知道客户更换供应商的原因。他们把两个产品进行了研究对比,又上网搜索了所有竞争对手的产品。在此基础上,团队后来建立起一张参照表,显示出公司与竞争对手的差异。在这个过程中,兰迪、拉塞尔和罗伯特通过客户的网站分析这个系统的退出机制。是谁批准这项采购的?又是什么理由促成这样决策的呢?

让我们回顾一下前面介绍的医药公司的狐狸团队。当大银行团队的搜寻活动将注意力集中在客户和竞争方面的时候,狐狸团队成员正努力收集外部的科技信息,他们的难点在于,要找到一种公司内部不能提供的新药所需的分子。所以团队成员的首要任务就是在全球范围内搜索领先技术,他们参加各种会议,检索数据库,向同行和高校的专家咨询。他们从大洋彼岸的一个分公司那里得到了有关这个宝贵的分子的一些信息。

代位法学习

搜寻行为还包括我们所说的团队代位法学习(vicarious team learning),团队通过对团队外面其他人的观摩和交谈,学习对方如何完成任务的经验。[4]这种情况下的搜寻行为并不是要了解公司内其他人的想法,也不是要了解客户、竞争对手或供应商的各种信息,而是要模仿或者改进其他团队的方法,让团队成员学习如何完成自己的工作。

在我们的工作中,代位法学习对改善团队工作尤为关键。代位法学习有很多方式,不过通常都是对进行类似工作的团队的搜寻行为。例如,犯了哪些错误(这样自己可以避免)?项目的范围包括哪些?以前的项目哪个团队最成功?他们的队员又是怎么做的?找谁能得到最完备的信息?我们应该找谁了解?这些工作是如何完成的?数据能否分享?所有这些信息都会被收集汇总起来。

借用机器,借鉴文件、合同,了解咨询人员哪些有用,哪些没用。通

外向型团队原则一——外向型行为

过这些手段,队员在工作中可以节约很多时间。其他人的经验也能让成员了解怎么做能给公司带来最大的价值(任务最关键的地方在哪里?)。过去的经验让团队建设少走很多弯路,通过公司的各个项目进行系统的学习。日积月累,我们会看见代位法学习帮助团队一步步地走向成功。

作为公司里最早尝试用代位法学习进行销售的团队之一,大银行团队从一开始就遇到很多问题。队员琼·伊夫有一位朋友在其他的行业成功地实现了由部件销售向系统销售的转变。琼·伊夫去拜访他的朋友,记下了很多的笔记,而这些笔记帮助团队适应系统销售,使得团队比其他团队更快适应。

很多企业都很看重利用代位法学习吸取其他的企业和行业的经验。英国石油公司的一个团队想要学习关于标准化的内容,团队成员没有看石油行业的公司,而是找到汽车行业,这些公司已经有成熟的概念,不同车型共用一个通用的平台。金融服务业的一个团队想要学习如何提高客户满意度,成员没有看行业内其他的公司,而是学习纽曼·马库斯(Neiman Marcus)——以与客户关系相处好而闻名的一家顶尖的百货公司。产品设计公司 IDEO 需要重新设计驾驶室的时候,花费了一整天的时间了解全国运动汽车竞赛协会一个矿车组员的工作情况,以学习团队如何处理工作中出现的紧急事件,对有时间限制、复杂和存在安全隐患的问题进行综合处理。这种代位法学习能帮助团队加大创新力度,因为行业外的全新思维能更快地融入到实践中去。

企业内部高强度的代位法学习也可以带来创新。例如上一章节所说的 Razr 团队,需要想办法设计一款薄型手机来打败竞争对手,改善摩托罗拉手机蠢笨的形象。如此复杂的设计需要复杂的技术基础。Razr 团队成员开始借鉴其他团队的类似经验,观察这些团队做与不做哪些工作,还有中途又放弃了哪些事情。Razr 团队"发现这些工程师在与一些专家团体进行建设性的交谈后,放弃了一些看起来聪明而且有希望的方

第三章

向"。[5]Razr团队解决了一些技术上的难题,例如将摄像头装在小巧的手机上,以及直接地在手机上蚀刻按键区,有些技术是通过重新组织其他团队现有的技术实现的,有些技术则是已被淘汰的过时技术。

通过代位法学习,团队成员能避免其他团队相同的错误,更快完成不得不做的工作,以更好的理解力和更强的能力投入到工作中去。

当搜寻行为超越边界时

搜寻阶段充满了各种情况,有效搜寻的团队经常会在搜寻中遇到死结或者搜寻效果不佳的情况[6]。如果遇到死结,队员不满足于现有的信息,就会努力去做更多的收集。但是有截止期限的存在,团队不得不进入下一个阶段。有些团队不能接受这个转变,他们就会犹豫不决。[7]这些团队陷入持续的搜寻,截止期限一拖再拖,始终不能进入下一个阶段。而搜寻效果不佳的情况则是:团队收集到错误的信息,或者团队简单地复制旧思路,找不到新创意,团队陷入"旧的都是好的"这一思维陷阱,而在外向性行为的下一个阶段——交际——时遇到困难。

交 际

让我们回到大银行团队的例子中去。团队成员认真整理他们通过搜寻行为收集到的信息。他们需要将信息打包交给他们认为最有可能购买系统的客户,而这个系统他们能做,还能拿得出手。他们计划投标于一个大型项目,他们要求一个财务副总裁陪同,以表明公司高层的支持。为了给副总裁参加见面做准备,团队有机会展示出所做的工作和在新组织框架下工作的能力。而副总裁也很高兴看到手下的团队能带来公司期待的变革。大银行团队的成功可以让他对上级有精彩的报告,在公司内也可以作为典范宣传。面对很多团队关于新系统不灵的抱怨,如今有了很好的答复。销售工作进展很顺利,副总裁主动要求陪同大银行团队继续对其他客户进行拜访,而这成为团队的巨大优势。

这个例子说明,交际针对的是公司内部的阶层,包括向高层推销自己的项目和团队,游说争取资源,维持团队的名誉,而且掌握盟友和竞争对手的信息。3M的前首席执行官、波音的现任首席执行官约翰·麦克纳尼(John McNerney)在拜访麻省理工学院斯隆管理学院的时候告诉我们,垂直联结把公司的高层与操作层联结起来(不要与很多公司的"垂直整合"策略混淆),这是企业能使策略制定者和策略实施者之间达成一致的方式。交际在企业上下层级之间形成对话,实现联结。举例来说,第一章介绍的西北咨询团队的成员提出了一个全新的学校评估计划,以满足他们的地区客户的要求。团队成员向公司总裁汇报工作,而总裁正准备在所有地区推广创造性的新实践,这和团队的行为不谋而合。于是总裁要求所有的团队制订类似的计划。接洽客户的方法与企业的战略结合起来。这样企业上下级联结,不同层级相互依赖、相互支持,构成了分布式领导的核心。

然后,通过交际帮助团队将团队工作与企业的主要战略目标联结,甚至导致其改变。通过交际能提醒团队企业战略的变化和政治风波,对潜在的风险能给予预警,使损失得以降低。简而言之,交际行为让团队能与公司高级管理层联系起来,并从有影响力的人物那里获得认可与支持。有时候这种联系意味着团队遵循高层制定的方向,有时候则是团队说服高层改变观点。最终每个公司里交际行为都有可能帮助团队掌握权力,影响局势。

联结战略目标,获得早期认可

企业今天面临的一个重要问题是找到一个方法将高级管理层及其战略意图与低层员工的想法联结起来,因为正是这些低层员工接待客户、设计研发新产品,操作公司的核心业务——交际是一种可以让团队

第三章

主动将其工作与公司新战略方向联结起来的方法。凭借对这些新方向的联结，团队更容易得到高层的注意和支持。

不仅如此，交际不但可以帮助团队获得高层的认可和支持，还能帮助团队明确工作任务和目标。英国石油公司的一个团队的任务要求是提高大型项目管理程序的某一方面，团队成员把目标放在如何用合适的人来充实项目需要的人力资源上。因为任务的范围太广，成员开始与更多的高级管理层联系交谈，以获得完善其工作的建议。一位高级经理后来变成了他们的导师，成员在与她交谈中了解到，她正在执行一项公司的人才管理计划，而如果团队的工作重点放在人力资源项目的某一个特定方向上，团队的工作会对这个经理有所帮助。于是成员就找到一个缩短团队任务范围的方法，这一方法还能够得到高级管理层的支持，同时提供给公司的重要信息还可以应用到很多方面，结果皆大欢喜。

与此相反，一些团队认为他们了解了很多，不需要别人的帮助，决定自己单独去做。我们知道的一个软件研发团队就是这样做的，结果最后既没有得到高层的认可也没有得到高层的支持。[8]

这个软件团队有一项叫"入口"的软件产品，可能应用于一个新开发的平台。据说团队的一个日本客户对"入口"的新版本非常感兴趣。团队的6个工程师负责管理该项目(在公司中被称为"神")，他们对此十分关注，并停止对该产品现有版本的所有开发工作，将精力投入"入口"与新平台的兼容。成员加班工作，放弃了周末休息。但是在辛苦工作数个星期之后，他们的提议被拒绝了，公司选择了另外一个团队进行这个新项目的开发。在"地狱般的49天"(队员对为这个最终被拒绝的项目苦干的日子的称呼)工作之后，团队回到了原来的工作内容上。成员视他们的提议被拒绝为最高管理层的战争宣言，而在这以后的几个月里，双方关系十分紧张。团队成员感觉他们为一种很棒的产品提出了一份不错的提议，而管理层就是没有感激之心，也不了解他们的想法。不久之后,这些次"神"离开了公司。

这里很值得关注的一点是:"入口"队员虽然向高级管理层提交了他们的建议,但是提交建议却是在他们的工作都做完了以后。这表明交际的时机很重要,同时建议能在早期得到认可和支持也非常必要。尽早使高层与团队想法融合很有必要,那会使高层的想法在可以融入团队工作的时候及时融入,而不要等到工作不可改变、成为既成事实后再提及融合。尽早参与的最关键一点也许是:如果对创意有了发言权,高级管理层会更热衷于保障创意的成功实现。

"入口"团队也一直想获得认可和支持。当团队有了好的创意,他们希望很快投入行动。他们单纯认为高层管理团队并不会和他们一样看待这个机会。很明显他们陷入了老的内向型模式。他们按部就班地激励队员,分配工作。心里有个假想的截止日期,想当然地认为到期了项目就会被批准,资金也会到位。他们认为他们的努力工作和伟大创意会理所当然地获得承认与欣赏。而且,他们认为自己是工程师,职责是提出创意,而不是争取认可,高级管理层的职责才是举贤。在这些想当然的认识下,资金的中断就像当头一棒,让他们有被背叛的感觉。

推销团队和成员的想法

当然,我们不要形成错觉,认为交际行为就是让团队跟着高级经理的领导进行工作。真实的分布式领导意味着方向、方式等决定的责任并不限定在某个人、某个层面。通过交际,外向型团队实现了联结沟通。通过搜寻行为,成员能带来有关客户、市场、新产品、更好的工作方法和技术变革等的新观点。往往是他们最能了解和推动公司的基层工作。有时候交际活动的任务就是推销团队的想法,维护团队成员认为正确的理念,不管高层是否赞同。团队成员的工作就变成让高层经理转换观念,接受他们的观点;让他们的热情能有表达的方式,用他们的想法绘制

第三章

团队未来的蓝图。然而，任务也是需要改变的内容之一，对话仍然要尽早展开，这样高级管理层会尽早确定最终的方案。

举例来说，一个新型计算机设计团队的项目队长很早就与高级管理层接触。当项目还在执行委员会（一个由高管组成的委员会，负责公司新产品研发项目的管理）讨论的时候，队长经常与委员会成员见面，他们希望新的电脑只是在现有的型号上作稍微的修改。而队长则想说服委员会采用全新的设计而不是简单的升级。队员收集信息，对将来的财务计划和工作安排整理出一份预测报告，队长引用这份报告的数据，坚持认为团队有能力、有信心迅速设计出一款伟大的产品。而且他认为竞争的变化比委员会想象得还要来得快，现在正是大有作为的时候。最后团队的意见被委员会接受了。队长要求公司的总裁和研发副总裁参加第一次会议，以便让公司了解这个产品对公司的重要性，还要表现出公司对团队的支持。整个项目过程中队长保持着与总裁的密切联系，这点做得非常成功。[9]

当然，不是所有的转变都能成功。有时候高级管理层不愿意听取新想法，或者认为不重要。成员只有两个选择：改变游说对象，或者更换任务目标。坚持己见，被人认为是空想家；与高层争论，会被人认为是不知进退，也可能过早地结束自己的职业生涯，从而使改变战略方向的计划被打断。这里需要外向型团队的勇气和判断力：是相信自己的判断继续争取，还是为了企业或者团队更高的利益放弃现有目标。

联系和游说的目的基本上都是为了建立企业高级管理层与操作层面的这种联结。团队和企业寻找的是一个双方都能满意的平衡点。在这个平衡点上，企业能很好地掌控团队的工作，又能让团队得以表达和实施。Razr 团队前任的队长罗杰·杰里科（Roger Jellicoe）向首席市场运营官杰弗里·弗罗斯特（Geoffrey Frost）提出一款不到一英寸半厚的手机的设想。当时弗罗斯特正在"为摩托罗拉的产品怎么会变得那么蠢笨而烦恼,需要新的创意来打破糟糕的形象"。[10]而就在这时候,合适的产品、合适的队伍出现在他面前。这是一个双赢的局面。

扶持盟友,限制敌人

企业是政治性团体,他们是那些拥有权力的人和那些想要权力的人角力的舞台。有的人囤积资源,吝于给予,他们看护着自己的领地,防范别人的觊觎。然而即使是这么一群人,交际行为也能帮助他们的团队找到权势人物躲避各种压力,平息纷争,因为总会有些人希望有新事物打破力量平衡。

举例来说,某晚,大银行团队正在一间会议室里聚会进行头脑风暴式集体研讨,讨论如何拉拢对团队的竞争对手有好感的客户。团队成员想采用降价或者对将来系统上附带的产品打折。他们想要的这些优惠政策超出了正常的范围,公司不能接受这样的价格。他们求助副总裁的帮助,而副总裁作为特例批准了他们的要求。

对于 Razr 团队也得到了类似的关照,摩托罗拉的总经理罗布·沙多克(Rob Shaddock)为团队和其项目提供"空中掩护"。沙多克和其他人提起这个执行团队时说:"我不指望明年会有任何人能制造出如此先进的产品,我们不能把全公司的计划依赖在这个上。不过一旦他们能制造出来,那么将是个颠覆性的壮举。"这样自然省去了许多官僚主义的烦琐手续,采用沙多克所称的"隐蔽进入市场"的操作方式,尽量减少干扰,以缩短产品研发过程。这就意味着很多权势群体和往常一样施加影响,如果没有高级管理层的关照,这种势力间的超然地位本来是不可能存在的。

交际行为的警示

毫无疑问,交际行为是许多类型团队预测成功的主要指标,有一个重要的警示:不是所有参与交际行为的团队都能成功。[11]交际效果好的团队与

第三章

交际效果差的团队的区别是什么？夸夸其谈的团队推销他们的产品和团队，尽管他们没有可以拿得出手的产品。团队成员在高级管理层面前表现出一副成功团队的形象，他们作了出色的演说，把他们的产品夸得尽善尽美。而高级管理层受到他们的迷惑，在公司里赞誉他们的表现。

不过这些团队有时候是在"放空炮"，他们精于推销，却不能实施承诺。实际上很多团队直到遇到麻烦才向高级管理层求助。然而到了这个时候已经事不可为，高级管理层也才意识到团队给出的是空头支票。这些团队的下场往往是悲惨的，高级管理层感觉自己受了愚弄和欺骗。他们认为团队能给企业带来贡献，所以才支持团队，可是他们上当了，这让他们感觉很尴尬。而且他们在别人面前赞扬了这些团队，这样把自己的名誉也搭上了。高级管理人员很愤怒，他们让这些团队的关键成员离职或者调动。

这里的主要教训是：没有实际支撑的交际只能是镜中花，水中月，最终总是不能实现的。只有团队有效运行，很好地完成任务，并且将搜寻与任务协调的配合，交际才会有好效果。

任务协调

对于大银行团队来说，销售通讯系统包括一系列相当复杂的步骤。团队要和客户见面以了解他们的需求；根据这些需求提出公司能实现的相应技术的解决方案；与其他的竞争厂商一起竞标；竞标成功后还要调整方案；然后按客户要求安装系统。

在所有这些阶段都成功以后，队员们要依靠企业内外其他个人或者团体的支持与配合。换句话说，大银行团队需要任务协调。举例来说，在这个过程的最开始，成员需要法律部门的配合来确定合同条款。比如，有时客户企业有一系列特殊的合同条款，需要检查是否与公司的政策有冲突，需要法律部门的认可。大银行团队希望成功签约；法务部门通常非常谨慎,花费大量的时间字斟句酌。如果要加快进程就需要两个团队互相配合,达成妥协。

大银行团队也需要技术服务部门帮助他们设计展示给客户的方案。系统设计师罗伯特为大银行团队提供了一些技术支持,如果客户要求的通信系统很复杂,或者提出一些罗伯特不能明白的新技术要求,大银行团队就需要其他技术支持人员的帮助。有时候只有这些人才能完全了解新的系统,他们还需要亲自与客户或者客户企业的技术人员交谈。这样的技术支持人员通常要求苛刻,只愿意研究自己感兴趣的问题。要吸引他们的注意力、取得他们的帮助并不是很容易的事情。

一旦系统被设计好了,就需要配置和安装。与销售团队不同,安装是一个完整独立的团队,他们有自己的兴趣和最方便的处理程序,很可能主要部件的交货期会与销售团体希望的产生冲突。这就需要协调。

所有这些说明了大银行团队的成员必须花费很多时间处理与其他团队的关系。他们需要与其他的团队商议,交换他们的服务,并把他们的工作效果反馈回去。他们必须具备说服力,想办法让其他团队配合他们的任务,保证工作流程的正常秩序。像搜寻行为、任务协调都牵涉到公司其他人,会影响后续流程。任务协调比搜寻行为更需要集中注意力。协调的目的不是学习,而是协调、配合,推动合作。

像大银行团队这样,有效的团队需要花费许多时间去了解如何做能获得其他团队最多的合作。成员要制订战略,以保证安装人员按时交货。有一次是一笔大生意,队员们都准备庆贺交易成功的时候出现新问题:客户要求11月17日交货,而安装团体的预期则是12月10日,大银行团队知道客户不可能接受,客户希望在节日销售高峰到来以前装好系统。幸运的是,兰迪找到了安装部门的一个成员,兰迪和拉塞尔使用各种手段进行游说,许诺如果交货期提前的话团队可以帮助安装,安装人员如果为了团队的任务加班的话,团队提供比萨加餐,并承诺可以另一

第三章

项不很紧急的安装工程可以延期。简而言之,他们尽一切努力让其他的团队与大银行团队利益保持一致。

与此同时,公司的其他团队却没有与大银行团队的任务协调一致。毕竟,在原来的环境里,"安装部门的人"一向不被重视,现在也没有人打算改变。超越边界也是反传统的概念,很多销售人员对这些自己专业以外的领域接触很少。而大银行团队没有这些限制,和其他人接触需要很多勇气和精力,不是所有人都愿意承担这份额外的工作。事实上,许多团队更愿意把他们销售不利的责任推卸给其他部门:法律部门过于保守,安装团队办事不力。种种借口让团队推脱失败的责任,避免艰苦的工作。让人眼红的是,大银行团队队员年底大笔的分红,而这些团队却没有。更让人嫉妒的是:大银行团队的成员间接地引领了贝尔克公司未来的发展方向,而在公司里地位与日俱增。

让我们仔细研究任务协调的三个主要行为:确认所依赖的对象;从其他部门获得反馈;协商、游说、说服企业内外的其他团体帮助团队完成任务。

确认所依赖的对象

任务协调的第一个步骤是确定团队需要依赖的团体。[12] 这些团体拥有某些团队工作所需的条件,比如经验;还有当团队工作收尾的时候其他团队接手或者派员参与。这些情况下团队的依赖感就产生了。大银行团队依赖安装、维修、法律等部门。

一旦依赖关系已确认,下一步就是确认依赖的性质,然后再找到协调的方式。协调方式包括商定统一交货期,确定双方工作配合与工作移交。不管哪个方式的协调,团队都要花费大量的时间来管理团队内外工作流程的交接。

获得反馈

当团队成员的计划获得其他团体反馈的时候,通常也就是协调跟进的时候。此时团队工作将会影响其他团体,或者其他的团体会期待参与。协调的意义就显得更重要了。至少在一段时间内,协调着重于企业分配给团队任务的资源,以保证取得更好的结果。举例来说,当IDEO的一个团队想要对创新的想法进行头脑风暴法讨论的时候,就引进一些拥有丰富经验的非核心队员。这些人能帮助头脑风暴方法超越框架限制,能提供批评和建议,从不同视角给予反馈,改善最终的决议。

　　前面提到的打算设计革命性电脑产品的研发团队在开始的时候是独立工作的。但是团队知道要与其他团体协调,所以在设计方案确定前,团队需要其他同事的配合。值得注意的是,这种协调不同于团队早先的搜寻活动,协调的目的在于防止设计缺陷。

　　团队在研发部门中挑选能接受团队主张并完成项目工作要求的特定员工。有了理想的人选后,成员回到了自己的设计工作,不过他们会经常请教那些提出批评和建议的工程师。不断的反馈帮助他们改善设计,而且协调他们与那些参与设计的人的工作。团队继续从制造部门寻找反馈,制造部门负责实际生产新计算机。队员希望了解生产计算机中新部件制造的难易程度。如果制造部门认为新部件会影响工期,他们就需要寻找其他的替代品。

协商、游说、说服

　　也许把"恳请、诱骗和乞求"作为这里的标题更为恰当。其他团队经常有别的计划安排,有自己的兴趣和关注重点,团队的需求并不意味着就应该是其他团队关注的重点,即便是,他们也不一定清楚怎么做才能满足团队的需求。有时企业内职能的划分和文化的差别也会成为合作的障碍。团队必须努力保证他们需要的合作能进行下去。

　　大银行团队知道它的一个金融业的新客户对它的产品不满意,这个客户准备寻找另外的供应商进行下一次采购。大银行团队不想失去这

第三章

个客户,成员计划下大力气把客户留住。他们让技术人员做了一个演示软件交给这家银行。尽管还没有到季末,团队提出了一个很大的折扣。他们甚至争取了他们的另外一个客户,让他给这家银行主管采购的经理打了个电话,告诉他自己对这个系统如何满意,以及满意的原因。对琼·伊夫、薇姬、兰迪、拉塞尔和罗伯特来说,这段时间过得很辛苦。他们与有关团体频繁接触以保证他们兑现其他的承诺。软件演示的那天,他们租用了一辆小货车,让技术人员陪同他们一起去找客户。他们努力让所有人一起配合,成功地留住了客户。

  我们已经见到,团队的效率并不仅仅是坐在会议桌边就能处理好的。成功也依赖团队超越边界去收集需要的信息和经验。团队要了解行业、市场和技术的主流趋势,让产品获得认可,并处理好对其他团队的依赖。通过这些行为,外向型团队实施分布式领导,与企业内的其他团体合作,塑造新的梦想,再把梦想变成现实。有时候外向型团队指引战略的制订,有时候他们对其他团队制订的计划给予评价。无论哪种情形,外向型团队都在将领导的想法从一种观念转换成行动。所有这些都让团队越来越熟练地超越边界进行管理。

  但是我们仍然可以看出来,外向型行为越来越多的同时,也需要有效的内部工作。团队的对外扩张也需要内部的尽力执行来配合,制定策略来处理收集到的新信息,为成员分派适当的工作。外向型团队需要安全的氛围和反思的机制,让团队成员在处理外在压力和内部冲突的时候保持团结。

  因此,就像我们在本书中不断强调的那样,团队良好绩效的关键在于综合型手段,内外并重。需要搜寻行为、交际、协调配合,以及内部的尽力执行,我们在下个章节将主要讨论尽力执行。

第四章 外向型团队原则二
——尽力执行

格哈德·凯恩克(Gerhard Koepke)是国际性电机工程公司Powercorp的一位项目经理,他被派往一个亚洲国家建立一个制造厂,心理非常紧张。[1]虽然大部分工作已经完成,但他的任务仍然很重。格哈德和他的商务研发团队了解并分析了相关竞争形势后,提出了一项令人印象深刻的投资提议。然后他们成功地接触到在欧洲的高级管理层,并向他推销这个提议。尽管已经做了充分准备,格哈德仍然紧张。因为他对计划实施的当地的法制环境并不怎么了解。他决定邀请了解当地情况的新成员加入团队。格哈德召开了一个团队会议,希望他们可以给出建议。

在会议期间,每个人保证他提议的计划会运作。没有人提起管制方面的疑虑,会议结束后,格哈德感觉压力减轻了。但是6个月后制造厂却找不到赢利的办法。这是一个警示,当初制造厂成立是为了利用当地一项廉价的原料,但是当地法律限制了当地资源的大宗采购,成本因此急剧上升,以至于格哈德原有的计划濒临失败。

问题在于格哈德团队内没人了解到关键的当地法规信息,尽管有几个成员做了足够的搜寻活动,熟悉了第一次会议时的法律规定,但他们

第四章

不知道如何与当地政府主管打交道。从格哈德个人角度来说,他在第一次会议以后过于激进、思考太少,既没有进一步调查原料采购的问题,也没有研究是否有其他可能的障碍,只能凭着极其有限的消息进行操作,直到问题无法弥补。部分是因为开始的时候对关键原料成本的预算太低,制造厂一直没有赢利,两年后就被卖了。

团队到底错在哪里?毕竟团队采用了很多外向型行为,在商务发展的每个阶段、每个步骤都可以说是正确的。表面上来看,这是一个简单的交流失误的案例、一个队长组建团队时常见的问题,特别是在格哈德团队这样跨文化环境下运行的团队容易犯的错误。虽然说这里确实有这方面的因素,但是格哈德团队内部操作存在大的隐患才导致Power-corp公司在这个项目上的失败。

考虑到我们在上一章重提到外向型行为十分重要,也许让人觉得对格哈德这样的团队内向型行为就不那么重要。其实,如果我们仔细想想,外向型团队在分布式领导中扮演的角色就包括对团队内部的管理。当成员对于他们应当了解的事情保持沉默,他们已经在回避领导的责任。从格哈德个人角度来说,他没有努力营造安全的环境,也没有挖掘团队所需的信息。

所有这些都说明,外向型行为的重要性让内部工作显得更加重要、更加艰巨。如果团队成员将大量的时间和精力用于外向型搜寻、交际和任务协调,比较起原来资源都是团队里现成的,现在的资源要自己收集、整合就已经是一项很复杂的工作了。随着外界更多的信息涌入,更多的要求提出,团队需要处理更复杂的交易,作出更艰难的判断。当不同的势力介入团队,这种外部的冲突就演变为团队内派别的冲突。这就特别要求处理好内部的合作与执行问题,要求全体成员的共同努力。团队面临的这种挑战我们称之为"尽力执行"。这就引出了我们所说的外向型团队三原则的第二条:外向型团队结合了团队以外大量的外向型行为和团队内部的尽力执行。

本章的后面部分还将讨论团队完美执行所需的一些特殊工具。不过工具要用得好,还需要团队内有良好的交流环境。

适合尽力执行的安全氛围

现在我们回到上一章所说的大银行团队。我们可以看见,无论是外向型行为还是内部交流互动,团队都做得很好。团队开始组建的时候,成员都习惯于在接到高级管理层指示后才有所行动,薇姬提出建议,要求成员主动去了解重要人物意图和其他团队的工作方式。团队成员在当地一家酒吧里讨论怎样去做,最后决定了团队行为的基调:积极主动,分配协调工作,听取所有人的意见,以放松的心情对待工作。通过良好的组织与配合,团队成员克服了新任务带来的疑虑,树立了一个有效团队应有的自信,了解如何从积极的角度评价所有成员的贡献。

在收集了大量的信息以后,成员们整理信息,了解其中的含义,同时创造出团队内部及外部问题处理的新的工作方式,获得高级管理层支持后,团队欢欣鼓舞,内部士气和凝聚力都得到提升。这些都表明了外向型行为与内向型行为的互补性:团队内安全的氛围和反思的机制让成员有勇气、想办法进行外部开拓,并能运用好收集到的信息和经验。而花费在搜寻、交际与任务协调上的时间给团队带来创新的思想、成功的动力与工作的帮助。

三个基本思路给大银行团队的成功奠定了文化基础:心理安全、团队反思和了解其他人的想法。而这三条是格哈德团队所缺乏的。

心理安全

团队成员努力完成我们上一章节所述的任务:投入团队以外的活动。与此同时,他们还要同样努力使这些成果在团队内消化,并使团队

第四章

成员间相互配合。团队成员要想分享经验,表达自己对前途的想法,就需要一种能让人畅所欲言的团队文化。"心理安全"的意思就是所有成员觉得团队内没有人际关系风险。[2]这就意味着成员可以顺畅表达自己的意见,哪怕是反对意见;意味着可以提出问题,而不怕被指责或者开除;意味着消息共享,而不用有什么顾虑,哪怕是坏消息;意味着他们可以质疑,尽管他们自己不能确信质疑是否有把握;意味着他们可以分享经验和知识,哪怕这些经验知识并不一定用得上。

获得心理安全保障的团队的特征是畅所欲言的讨论,即便是激烈的争吵也可以。更重要的是,有个可以共享重要信息、研究问题并从错误中学习的平台。从分布式管理的观点来看,团队内的活力将使公司气氛活跃,而这种活跃的气氛正是公司想在企业范围内推广的。

例如在丰田公司,如果刚下组装线的一辆新车的门把手有问题,责任人不会一声不吭地悄悄修好,而是提醒组装团队队长,团队会集中讨论引发问题的原因,以保证不会再出现类似问题。[3]这个过程通常会有些令人不舒服,需要心理安全的保证。没有心理安全,大部分人都会悄悄修好,希望瞒过别人,这样导致问题的根源得不到解决,同样的问题还会不断发生。另外一个范例是西南航空公司。在以赢利差而出名的航空业,西南航空公司却持续赢利,它的成功至少要部分归因于它的文化氛围:地面维修团队可以放心说出他们自己和别人的各种错误和问题,而不担心受到惩罚。[4]

大银行团队也有很多关于所犯错误的讨论。错误和问题都很多,毕竟团队在执行新任务的时候总有很多新技巧、新方法需要学习。团队刚组建的几个月里,团队尝试对金融业进行一次简单的营销活动。在一次给客户的路演中,琼·伊夫提出一份数据显示出贝尔克公司的系统与竞争对手的产品相比的优势。但是团队却没有中标,后来他们才发现这份数据是错误的。发现错误后,团队首先不是追究责任,而是想办法重新计算出正确的结果。每个团队成员都提出自己的想法,以期得出正确的结果,而不是检讨错误。他们庆幸自己没有赢得合同,否则就要被责成解释错误的数据。他们认为这次很幸运,但是并不期望下一次还这么幸运。

一项对医院护理团队的研究更证实了心理安全的重要性。[5]研究显示,对于汇报医疗失误会产生的后果,团队成员的认识各不相同。很多的认识都是想当然的("这些事情没有什么不正常")。被研究团队的一位护士说:"医疗失误之所以严重,是因为药物具有毒性,所以不用犹豫就要报告护士长。"而与之相反的是另外一个团队里的护士:"用药前先要做实验!失误就要被批评,谁都不想失误。"研究得出一个重要的发现:在承认失误的团队里,成员会讨论如何避免更多的失误,而不承认失误的团队里就没有这样的讨论。

然而另外还有一个EcoInternet团队的案例,它是越野竞赛领域的一个领先团队,这项运动的内容包括了划船、自行车、登山、跑步和野外徒步旅行。[6]在越野竞赛中,四五个人组成团队,凭借一张地图和一个指南针穿越沙漠、山脉和丛林。要赢得胜利需要一个完整的团队,所有成员当然都必须是体育爱好者。不过这还不够,越野竞赛是一项真正意义上的团队运动,只有让所有成员都通过终点线的团队才能获得胜利。也就是说,团队里有几位精英确实是好事,但是精英并不是胜利的关键。关键因素是成员以团队整体利益考虑互相帮助通过终点线。这不是孤胆英雄的舞台,因此心理安全至关重要。所有人都有自己的弱点,必要的时候团队最强的成员也需要帮助。所有成员对团队的贡献都会得到赞扬,尽管他们这样做的目的不光是为了团队,也是为了自己。这就面临一种挑战,运动员都具有强烈的竞争意识,他们很少会愿意承认自己需要帮助。罗伯特·内格尔(Robert Nagle)是EcoInternet团队的一个成员,他告诉我们EcoInternet团队成功的诀窍:"我们尝试着寻求帮助。

第四章

虽然在各自擅长的领域上我们都是好运动员,都有自己持续辉煌的职业生涯,但是我们都有勇气说出:为了团队的胜利,我需要帮助。"

而在没有心理安全的团队,成员把信息当做个人所有。因为担心自己的信息对其他成员不那么重要,或者与其他成员原有的理念冲突,成员不愿意在团队内分享自己的信息。需要帮助的时候也不提出要求,怕被人当做麻烦鬼,或者被认为是笨人或者弱者,或者感觉自己对团队的成败没有责任感。在没有心理安全的团队即便偶尔有信息共享,往往也是私下或者隐秘地进行。结果重要的信息得不到揭示、处理和利用。研究表明,成员更愿意把别人已经知道,而不是自己独有的信息拿出来共享。[7] 在没有心理安全的团队,这种趋势不断增强,团队通常得不到个体成员拥有的独特、关键的信息。

我们在本章开始说的那个亚洲团队很明显就是这样。很多原因集中到一起导致了失败的会议,其中就包括成员对新队长的畏惧感,团队成员没有足够的安全感让他们能把当地法律的重要信息共享。这条信息本来会改变格哈德的项目计划,使团队本可以获救的。

我们承认心理安全这个概念比较模糊,心理安全的意义和效果对于团队来说本来就有些难以具体描述的内容。团队队长在其中扮演着重要的角色,例如设定明确规范让队员说出他们的真实想法,表达他们的疑虑。像 EcoInternet 团队一样鼓励队员"尝试寻求帮助",这样会有良好的效果。团队队长应当身体力行,给成员做个好的表率。另外,队长如果能够与外部权势争辩,保护团队利益,并能进行有效的交际行为,也能增加团队的心理安全。队长挺身保护团队利益,队员就甘愿为团队冒风险。

很多时候,增强心理安全意味着掌握时机,超越常规,让其他人担负起领导责任。洛琳·伯尔辛格(Lorraine Bolsinger)是通用电气航空引擎部门的负责人,她召集一系列团队会议讨论如何体会伊梅尔特的"灵感突破"精神,她本人没参加最初的几次会议。因为这些会议的目的是头脑风暴法思考,她希望团队成员在她面前不要有所顾忌,敢于发言。[8]她还希望团队成员能感觉到他们自己也是项目的主人。

一个正式的队长所能做的最重要的一件事也许是积极面对团队成员提出的反对意见,或者听起来奇怪不合常理的新想法。如果反对意见会受到惩罚,就会听不见这些意见。心理安全极大程度地依赖于信任——一种需要长时间持续培养的感情。信任需要队长的努力,也需要整个团队时时担负起领导的职责。

团队反思

尽力执行的文化的第二个组成部分是团队反思。[9]成员需要花费时间反思他们的行为、策略和目标。没有反思,团队成员不知道自己行为的对错。技术、市场在不断变革,竞争越来越激烈,团队成员需要反思周围的变化以及如何应对。尽力执行的文化要求边用边学,团队反思帮助团队始终保持对学习新知识的关注。如今很多的企业都要求行动的连续性,而团队反思帮助成员能有时间停下来修正自己行动的方向。在项目的开始、中途和终点等关键点,为反思而暂停工作非常重要。在项目的开始和中途,团队可能需要战略决策以确定长期的道路。这也是团队最重视反馈的时候,团队处在由简单的按部就班操作转向新任务所需对信息的细微分析的过程中。团队在进行工作转换过程中需要反思,同时也在反思和变化中学习。[10]在项目的收尾阶段的反思可以让团队在工作完成解散后把他们的经验教训记录下来,传递给其他团队。

经常反思的团队成员经常提问并寻求反馈,并针对反馈作出调整。这样的团队有着学习的倾向。而团队成员们尽可能地聚集在一起作为一个整体面对面地反思,而不是隐秘的进行。经常反思的团队能有效地总结汇报。特别是在项目的终点、中途或者中间的关键节点,成员会聚

第四章

集在一起汇总思想，讨论得失分析成败。

但是真正反思的团队做的远远不止汇报。团队成员留出专门的时间用于思考总体的项目、团队的方向，以及怎样把工作做得更好。团队成员互相依赖，他们反思的不只是事情的好坏，而是意味着更深层次的问题，例如：什么是团队真实的任务目标？团队目前的方向是否和目标一致？团队成员做的工作是不是他们的最优选择？团队的长期展望会不会停留在日复一日的夸夸其谈上？团队的愿景怎么会实现？团队成员能否作为一个团队很好地配合：是否需要有所改变？如果需要改变，怎么改变？反思的时候还可以分析从外部收集的信息和经验，了解其具体含义，及其对团队的意义。

丰田公司组装团队花费时间了解出现问题的根源，这是反思性团队行为的一个例子。尽管在完成任务的过程中很难抽出时间，但是进行反思对成员来说确实很重要。例如在比赛过程中，EcoInternet 团队对已作出的决策没有时间去重新评估，即使发现这个决策并不正确。上面说到 EcoInternet 团队的队员罗伯特·内格尔认为："错误只能等到下一次挑战，这是无可避免的客观问题，所以我们往往说：'好了，我们开始的决定是翻过山脊而不是沿着山谷走，结果证明这项决定很糟糕。不过没有关系，我们只是根据环境决定前进的路线。'"这只会让事后总结显得更为重要。"每次比赛完后回来我们都要聚集在一起，很中肯地分析并作出的每一项决定，"内格尔说，"我们说出个人行为的理由以及方式，某个决定作出的理由以及在当时条件下的最终效果。"

狐狸团队经常汇报总结项目进展，不过他们也花费时间反思关键节点的行为方向。例如，虽然团队已经评估确认药品的早期前景喜人，但是仍然要停下来查看总体构想——成为消炎药方面权威——的可行性。至少有一阵子这个团队因此不愿意放弃先前看好的一个想法。尽管初试的效果很好，但是最终队员们还是认为这种药物并不符合团队已经一致认同的想法和研究方向。

　　而反思很少的团队成员往往根据已知的信息行动,而不管是否有其他替代的方案,他们并不去寻找环境变化的相关信息。他们提问也主要是用来确认自己已经知道的内容,而不是去了解不知道的消息。格哈德的 Powercorp 团队就是这样做的。不管格哈德是不是有意识地进行鼓励,团队都表现出对不确定性的厌恶,以效率不高的名义放弃了实质性研究的机会。结果团队南辕北辙,在错误的路上越走越远。如果格哈德让成员感受到心理安全,鼓励他们公开质疑,发掘出所有风险比较大的问题,检讨自己工作是否到位,也许就会发现当地资源采购问题,从而避免因为原材料成本高昂,而导致投资亏损的现象。

　　与 Powercorp 团队比较,狐狸团队热衷于在关键节点对内部流程和发展方向进行反思:哪些有效?哪些无效?哪些还可以提高?还有他们研究的方向以及选择的理由。如果没有反思,狐狸团队研发出的可能就是一种没人需要或者不能符合法规要求的药品。也许团队最终能研发出一种很好的药物,不过不一定符合 Pharmaco 公司的大局要求。

　　如何培养团队反思?就像培养心理安全一样,反思需要正式的团队队长的努力(实际上,心理安全建立的本身就能促进团队反思的形成)。每次会议开始进行汇总,结束进行总结,了解成员的想法,建立每个人都畅所欲言的机制,这样才能形成团队反思的机制。[11]

　　对于狐狸团队,在项目早期这种直接的反思起了很大的作用。在团队讨论中,一个初级成员提醒大家一种处在研发初期的药品可能的问题,这种药品被认为是很有前途的。这位成员认为动物实验的数据有点奇怪,当其他人得到提醒后,大家很快发现重要测试结果所用的计量单位不一致。药品发明人在把材料交给不同部门审核的时候把不同数据给混淆了。经过必要的重新计算,团队得出的结果是药品的数据不能通过审核,这个小错误可能导致巨大的损失。于是团队放弃早先的计划,

第四章

重新寻找更好的替代品。

另外一种促进团队反思的方法是设立脱岗日,让全体团队脱离岗位,全心投入,反思团队的工作。这样的会议通常用来深入反思团队所做的工作。改变环境,放松心情,这样才能引导出新层次的讨论,研讨团队的规范标准和完成任务的策略方法。团队还鼓励成员说出自己的经验与得失,并对如何提高团队整体素质提供建议。

了解其他人所知道的情况

建立尽力执行的文化所需的第三个组成部分,是建立团队内知识共享意识。要完成研发新药、新车型或者新软件产品这样牵涉先进知识的复杂任务,团队成员通常需要拥有专业程度很高的技能。很多成员拥有对任务很关键但是没有与团队其他成员分享的知识。为了整合技能,保证任务顺利完成,成员们不但要掌握自己的专业特长,而且要了解伙伴的专业技能。这些技能不一定是复杂的专业技术,往往是认识团队外的重要人物,或者一些像如何准备幻灯演示这样的常用技能。团队成员在了解自己专长的同时还要熟悉其他队友的一些知识,他们还有成熟的手段以便在必要的时候获得队友专业知识的帮助。[12]

了解其他人知道的信息让一个团队得以将每个成员的知识连接成一个系统,可以在合适的时间给合适的成员安排合适的工作,在成员有不明白的知识的时候知道向谁去请教。这样也便于推行分布式领导。知识共享、心理安全和团队反思综合起来组成尽力执行的文化。

需要注意的是,在一个知识共享的团队里,队员知识的总和大于部分。狐狸团队一个成员的故事说明了这一点。这个成员负责临床测试,他是一个顶尖的科学家,知道所需的所有程序。问题是缺乏关于药品安全性的数据,他也不知道上哪儿能找到需要的数据。另外一个成员负责基本分析,她不知道如何去找关于药品安全性的数据,也不知道哪些数据是有用的。经过交谈后发现,第二个成员知道上哪儿能找到需要的数据,她了解到另外一个团队刚刚完成类似的药品开发,拥有所需的数据,而另外一个成员的知识正好弥补了剩下的疑问,双方合作完成了他们任何一个都不能单独完成的任务,而知识共享在其中起到了关键作用。这也许只是一个微不足道的例子,然而这样的例子不断重复,成员间的这种联系发展成为一种有效的知识共享网络,大大提高了团队绩效。

让我们将目光转向 Powercorp,没有制定知识共享规范的团队带来的是低效率和糟糕的绩效。Powercorp 成员没有共享关于当地法律规定的重要信息,使团队遭遇风险,导致最终的失败。

大银行团队实行了知识共享。销售人员薇姬和琼·伊夫对金融业销售了解最多,而且经过大量的搜寻以后,了解了很多有关金融客户及其需求的信息。兰迪和拉塞尔对如何调整系统了解最多,而后他们又了解了很多客户公司里退出机制的有关知识,这些知识能帮助团队完成销售任务。罗伯特对如何解决设计难题以及在故障处理中如何与客户方技术人员相处了解最多。

除了他们的专业知识以外,这些成员还相互了解个人情况。他们知道薇姬早上起来较晚,喜欢在下午召开团队会议。他们知道琼·伊夫有海外生活的背景,喜欢对国外客户打交道。他们知道兰迪的业余爱好是法律,是与法律部门很好的联络员。而拉塞尔则更倾向于商务,对于商谈合同他总能想出很多好主意。而罗伯特不喜欢这些,他喜欢钻研技术问题。他们的这些知识让团队可以根据能力和兴趣安排成员的工作。如果条件不合适,团队的习惯是以开玩笑的方式提醒责任人是否能成功,而得到的往往是"至少比你强"这样的回答。

但是,如何保证团队做到每个人都做到了相互了解?第一步就是要选择合适的成员,让成员的经验集合起来能够包含所有关键知识领域,然后让成员相互熟悉了解。第二步很重要,是团队应该在项目初期进行

第四章

一次脱岗的团队会议,以整理出成员知识经验的大致内容和范围。需要向成员了解的问题包括:你拥有哪方面的专业知识?你认识什么人?你所知的这些对任务有些什么作用?你还有什么其他团队经验?你以前做过什么项目?从中学到了什么知识?你不了解的内容有哪些?你能在团队里或者团队外面找到可以咨询的人吗?以这样的方式,成员在会议上说出他们能给团队带来的知识和经验。像生产或者营销这样的明确内容虽然重要,但是团队想要了解更多的内容,比如与团队以外的专家或者权势人物交往这样的关系网也是团队想要的。另外团队还要了解成员的兴趣,例如主持研究、会见客户、分析数据、作演示等。汇总的内容可以了解团队可做的项目以及项目可以执行的人。

然而,这还只是开始。这个过程会因为项目和流程的变化而反复进行。不然的话,知识共享会变得过于抽象。团队每遇到一个新的步骤就应该提出相应的新问题:有人对这个新步骤有所了解吗?没有的话,知道有别人做过吗?这样在每个步骤以及交接点都要反复提出这些问题,而成员的知识经验以及兴趣爱好都需要重新了解和共享。

本章我们谈到的三个部分——心理安全、团队反思和知识共享要得到发展,关键是要明白三者不能分割独立运作。理想的目标是达成反复循环的过程:团队反思促进知识共享,知识共享推动了心理安全,心理安全成就了团队反思。这三个部分组成一个内部稳定和谐的系统,组建起尽力执行文化的基础。以三者为稳定的基石,团队才能很好地进入下一步内部流程:运用尽力执行的工具。

尽力执行的工具

组建一个以尽力执行为规范的团队,首先要保证其文化与规范一致。一些工具也能起到很好的作用。外向型团队里有五种工具能帮助团队达到和谐与贯彻执行的效果:综合性会议、参与性透明化决策过程、启发模式、共享分时和信息管理系统。

综合性会议

要做到稳定持续的团队反思和积极的知识共享,一个最好的办法是召开综合性会议。综合性会议是核心成员制度性的会议,这是一个成员寻找和衡量重要任务、目标和进程完成情况的战略讨论会。任何会议都可以被当做一次综合融合的机会。尽管会议通常在关键的节点完成时举行,但是也有足够的灵活性,在必要的时候只要简短的通知就可以召开临时综合性会议。在会议上,成员交流他们的观点,还有通过外向型行为收集的知识和经验。每个人都能接受到信息,信息的价值也随之增加。会议依据搜寻、交际和任务协调收集到的实时信息作出决策。没有综合性会议,团队想适应不断变化的环境就没有那么容易了。

大银行团队有许多综合性会议。有些在办公室举行,有些在酒吧举行,有些就在与客户交往的路上举行。成员充分利用每一次聚会的机会讨论解决各种面对的问题。开始的时候,成员经常把一件工作按个人的特点划分成几个部分:销售人员(琼·伊夫和薇姬)负责了解金融业与系统销售方面的搜寻工作,兰迪、拉塞尔和罗伯特比较倾向于技术方面,他们在合同开始执行后,负责与公司内外相关的技术团体配合工作。薇姬是正式的团队队长,主要负责与公司高层交流。内部综合性会议期间的尽力执行是分配外向型行为所需的资源的。

而后,会议将成员讨论的要点汇总为一份成员与其他团体交往的攻略。这些会议也常用头脑风暴法思考如何吸引重要客户。会议是外向型行为的补充,外向型行为让成员交换各种信息,并通过会议将信息转换为将来工作所用的知识和方法。做不到这点的话,外向型行为就是无用功。

英国石油公司的一个团队重视综合性会议的作用。他们被要求检

第四章

验能源公司里大型复杂项目的改革方法，而一开始团队就遇到了难题。他们的六个成员分布于五个时区，这让协调成为一项艰巨的任务；而且除了这项任务以外他们另有全职的工作。团队决定迎接这项协调上的挑战，一个解决办法是明确分工。例如他们将搜寻活动分给两个人去做，一个负责搜寻过去成功的案例，另一个负责搜寻过去失败的案例。第三个成员访问了公司的三位高管，了解他们对问题的看法。另外两个负责搜寻其他公司成功的案例。搜寻活动的深度与广度也使得搜寻的结果更加丰富，包括其他人的案例、会谈记录等等，这些数据都由所有成员共享。

就这样他们仍然感觉不够。只有在面对面综合性会议后，成员们才能改变进程。只有参加会议后，成员才有机会深入探讨他们收集的信息的真实含义，才能激烈地辩论一些重要问题：这些信息如何拼接？团队下一步怎么做？团队是否还需要更多信息？现有的信息如何分类？三周后将如何向公司高层汇报？成员们开始认识到一个问题：同样的表达在公司内不同人眼里代表着不同意义。他们从收集来的数据中发现，可以将表现好的项目与表现差的项目区分开来。但是这些都需要在综合性会议中的讨论。

同样，摩托罗拉的 Razr 团队在新款手机上市前必须解决一系列技术难题，例如天线的位置问题。团队的正式队长罗杰·杰里科发现，成员与很多外来的专家讨论的时候，收集了很多看起来不错的主意，但是分开来想想却没有用处。根据这些主意他画了一张概略图，然后召集了一次会议。他解释说："这些主意没有一个是完整的解决方案，所以单独考虑每个方案的风险代价都是不合适的，但是如果把各种方案综合到一起，这种风险就可以控制。这表明了群体决策的问题，也说明了创新的执行战略有时候必须放在一起综合分析，而不是单独考虑。"[13] 这种"综合分析"标志着成熟有效的综合性会议。

综合性会议也有自身的问题。像英国石油公司的团队这样距离遥远的全球性团队要进行综合性会议就相当的困难,这样的团队更多地依赖电子手段进行协调。尽管如此,通过卫星网络定时举行会议也是有所益处的,虽说这样就意味着开会的时候一位队员是在早上1点,另一位在7点,还有一位可能就是晚上6点。

综合性会议也有可能使效率降低,减缓项目进程。狐狸团队按一种简单的原则处理这种问题:"不是每个人必须从头到尾都参加会议"。实际操作中,这意味着团队不同成员只需要参加与他们相关的会议就可以了。当然不时有成员进进出出会扰乱会议秩序,但这个原则通常被接受。按通常经验,适当的这种处理方式还是有效的。

参与性透明化决策过程

心理安全、团队反思和知识共享构建起有效决策的基础,但是这些步骤都应该具备参与性。参与性透明化决策让成员有了发言权,了解决策后面的理由,还可以使成员意见一致并保持士气。工业光魔术公司(Industial Light & Magic)是一个好莱坞的特效制作公司,它的一个团队队长说:"每当我有了想法或者计划,我会邀请同伴加入。这样让他们感觉自己是团队的一分子,通常他们能带来更好的想法。"[14]

团员们以前做的一些工作不得不放弃,虽然很遗憾,但是了解了内情,他们都能理解。当成员花费了大量的时间进行外向型活动,而外部信息成为决策的重要依据的时候,这一点显得更重要。

参与性决策对于摩托罗拉的Razr团队非常重要。实际上,Razr手机所选用的很多方案都是成员提交的。例如天线位置是一个难题,团队对10个不同的版本进行评估。这时候发生了激烈的争吵,产生了一些失落的情绪。但是最终的方案综合了每个人的意见,大家的心理上没有什么不满。获选的方案很精致,把天线放在机头上。有趣的是这个方案

第四章

是由一个 32 岁的工程师提出来的,他叫塔德·斯卡佩里(Tadd Scarpelli),是团队里职位最低的一名成员。Razr 团队得以择优而不是按职务高低选取决策方案。要真正做到择优决策,所有相关方参与才是关键。

大银行团队的决策非常透明。有一段时间兰迪和拉塞尔花费了大量的时间和精力为一位潜在客户设计了一个系统,他们为这个新的设计感到自豪。然而随着谈判的进行,薇姬认为系统过于复杂,团队不可能投入足够的时间和精力。同时她也觉得公司对兰迪和拉塞尔的设计没有什么兴趣。最终她决定中止投标。兰迪和拉塞尔非常失望,他们一直希望新系统能坚持下去,他们想知道系统是否能够运行,并达到他们的设计要求。不过最后他们还是服从了这个决定,他们明白他们对技术的兴趣应该放在创造效益和满足客户的后面。薇姬也作出许诺:对系统调试有了更多的经验以后,他们将有机会参与更复杂的设计。

启发模式

团队成员进行外向型活动的时候应该引导他们从企业角度考虑,如果没有引导方向的话,就会造成混乱。如何解决这一问题呢?成员可以采用启发模式或者凭经验感觉确定外向型活动的范围和计划安排,并在不清楚环境的情况下采用启发模式,或者凭经验感觉作出决定。[15] 例如大银行团队的主要启发模式是"顾客至上",所有成员都了解这个理念,因此团队成员所做的一切都是优先考虑到客户。

我们也知道狐狸团队的原则是"不是每个人都必须从头到尾参加完会议"。这项原则帮助成员有效地安排时间。还有另外两个启发模式在规范着狐狸团队的企业进程。首先收集足够的信息以保障评估优先于对速度的要求。例如一位成员在访问她校友的实验室的时候发现,可以学习如何运行一系列重要的实验,她马上抓住了这个机会。虽然时间很宝贵,但是她仍然觉得此次行程带来的收益远高于所花费时间上的损失。她通知了团队其他成员自己的行程,不过没有问团队正式领导的意见,因为她知道按团队的启发模式,她这样做没错。

狐狸团队的第二个启发模式是,更多人参与比内部控制好处多,这一点对狐狸团队特别重要。因为团队在研发一种药物,而成员从直觉上不能了解这种药物的技术和法律限制,急切需要外来的经验,否则更多人参与只能带来更多的困惑与协调的麻烦。在面临这种艰难取舍的时候如何引进外来的经验,启发模式给成员迅速作出决定提供了帮助。例如负责搜索该药物所有权状况的成员发现,需要更多的资源用于国际知识产权法的背景研究。为了满足这个需求,他让公司雇用两个律师加入支援团队工作。律师的老板同意他们在一段时间内配合狐狸团队的工作,在项目的运行中,团队获得外援的支持。

值得注意的一点是,狐狸团队启发模式的有效仅限于没有其他可以干扰规则执行的事务出现。实际上,团队对速度和内部控制总是很重视。团队经常遇到信息收集上的难题,因此进程减慢。不过如果成员没有时间访问他们的校友,或者更多人参与使得团队运转不灵,队长有权终止任务。就这样,成员的任务明确,必要的时候就能很快作出决定。

自主性与经验直觉综合起来让狐狸团队这样的外向型团队工作完成速度更快,不用浪费时间等待上级指示。另外一个以快速团队闻名的企业是一家美国咨询公司——剑桥技术伙伴(CTP)。在20世纪90年代,塔米·厄本(Tammy Urban)是CTP的一位项目经理,他认为CTP团队快速发展的关键就是启发模式。[16]例如在寻求建议的时候,CTP有个"两分钟原则"。厄本说:"如果有人遇到难题,我们只给他两分钟提出要求。"也就是说,每个人只有两分钟时间决定是否向队友请求帮助。在早期团队规模还小的时候,团队如果有一定的心理安全保证的话,只要有请求,就可以直接说。但是随着CTP慢慢扩大,就要利用基于网络的内部讨论组。

第四章

共享分时

另外一种让参与外向型行为的成员拥有和谐一致目标的方法是共享分时。让截止日期在一定程度内灵活变动是非常必要的，在不断变化的环境中尤其如此。但是最为关键的是共享分时让成员在完成搜寻、交际和任务协调等团队工作之余还能控制步骤，与其他人配合工作。

狐狸团队的许多成员在外向型行为上花费了大量的时间，也就是说与队友的交往时间很少。他们不能指望在冷饮室或者咖啡厅正好碰见队友，很少有时间在一起讨论如何相互配合工作，团队会议也比想象的要少。随着项目的迅速进展，成员需要找到其他的配合方式。特别是当成员分工明确，但是有意见分歧的时候，他们会定个时间，比如说每星期五早上10点，通过电子邮件方式互相通报每周的工作进展。而且他们确定一个统一的截止日期。一个重要的截止日期放在项目所谓的研发阶段的结束时间。到了这个日期，负责相关技术科目的所有成员把他们的成果综合汇总成为一份全面的报告。

让我们把目光转向微软的软件研发团队。[17]成员可以安排自己的工作，可以掌控自己研发产品的功能，全权决定产品拥有哪些功能或者应该加入哪些功能。因为任务协调的要求，成员还是有一些时间控制方面的规则需要遵守。首先每天要留出专门的时间，比如说下午3点，用于新"构造"，把某些已完成的程序块加入到其他代码中去。虽然可以选择上班或早或晚，工作或勤或懒，但是成员都不得不协调他们的工作时间。这种共享分时包含了一个重要的原则："不能打乱构造"。也就是说不能造成功能上冲突。设计出现缺陷破坏构造的责任人必须在第一时间内解决问题，并且负责第二天的构造，或者支付罚金，罚款总是让人难堪的。微软的下午3点协调时间引发了其他大量的共享分时。构造的每日更新确定了时间节拍，成为重要的"稳定路标"。经理们不用考虑成员在什么时候什么地方工作,错过任何标志性的截止日期都是绝不允许的。

探索健康保险公司(Discovery Health)是南非的一家健康保险公司,在这样一个不注重创新的行业里它以创新闻名,而且还发展得很好。[18] 每年11月,公司都会发布一款大型产品。发布的地点都会在还没有产品的情况下提前预订。这种时间安排是基于公司管理队伍的共同理念:每年都要重新创造公司的产品线。这种通过在不可更改的日期内创新产品的自我加压方式效果良好。例如在2003年11月,探索健康保险公司的团队大幅修改了健康保险的金融条款,推广了一项全面保险计划,保费比上一年降低了25%。这个案例里,管理队伍的不同成员分处不同地点,负责不同功能,而共享分时让他们为了共同的目标协调配合,同时也加速了工作进程。[19]

信息管理系统

最后要注意的是,及时更新的信息是有效外向型行为与内部尽力执行两者共同的关键。好的信息管理系统管理信息、技术、经验,还给成员提供一个把重要信息反馈给团队、让团队能监控输入信息的途径。例如,狐狸团队的成员搜寻到一个前途看好的处于研发早期阶段的药物,他们的时间很紧迫。有几个比较好的待选方案相互竞争,需要尽快决定在哪个方向展开研发。但是,信息需要正式的评估,这样既复杂又昂贵。所以当成员发现重要的数据就会立即反馈,并对Pharmaco数据库里的文件分类,然后相关责任人可以立即开始分析。

跟踪计划系统能够体现出关键任务、任务责任人,在需要完成任务时,能够成为协调成员外向型活动的有用工具。这个系统能帮助狐狸团队成员进行时间安排等重要决策。例如一位成员访问一间大学实验室,以进行详尽的药物毒性测试,成员要知道是否还有一系列后续的药物特

第四章

性测试,获得这项数据有没有时间要求,以及谁需要这项数据。

戴姆勒克莱斯勒公司试图研发一款叫做"快速汽车"的基于互联网的复杂数码平台,部分理由是为了顺应愈加激烈的外向型团队行为。[20] 这个平台能让汽车研发团队从以前并没有进行无缝联接的很多信息系统里准确找出所需信息。汽车研发团队的尽力执行与任务协调一向是复杂繁重的,有了"快速汽车"实施起来就会容易许多。例如有上百种类型可供查询,设计师就能及时了解研发过程中相关的其他功能的变化。放在以前,如果设计师改变了设计,工程师就得跟进,找出这项改变对生产的影响,而财务部门就得重新估算成本。当然,设计师就不得不重新考察设计,进入下一轮反复循环。"快速汽车"为戴姆勒克莱斯勒提供了所谓的团队"单一真实点",也就是让所有成员参与同一环节。成员无需考虑自己用的是否是最新版本。值得注意的是"快速汽车"的目标并不是内部处理过程,与供应商同样可以进行无缝联接。

我们知道很多团队找到一些他们称为"他是谁"的数据库,或者专家搜寻系统,这个系统相当有用。惠普就是最早在公司内建立这种电子黄页式的公司之一。[21] 这些系统包括简单的 Google 支持的内部搜索引擎和基于网络的拥有知识产权的专业化系统。Postmortem 团队的报告详尽地描述了如何开展工作,但是这份报告晦涩难懂,文字太长,不容易翻译。约翰(John)是德士古公司(Texaco)的一位经理,具有多年知识管理经验,他说:"许多公司设计了详尽的数据库用于保存最好的实例,但是我认为效果不好,至少作为一个纯粹的数据库它做得不是很好。例如有人发现一种花哨的手段节约很多钱,于是把它写成故事,以'最好的实例'的名义刊登在我们的内部杂志上。在其他国家这种花哨的手段也许能照搬,也许行不通。知识的传递需要合适的人。照我的观点,我们的数据库只是用来寻找人物的大致方向,而不能实际应用于分享具体的想法"。[22]

外向型团队原则二——尽力执行

约翰还记得一个德士古团队成员很有名的"他是谁"的故事。这位成员在遇到问题的时候使用德士古的专家搜寻系统"PeopleNet"来联系某个具备25年钻井经验的专家,希望专家帮助解决问题。约翰说:"这位成员不知道怎么找出设备上负责调节钻杆上下距离的'小孔'位置。"问题的原因是这位成员弄错了方向,他使用"PeopleNet"找到了可以帮他的人。"这个故事里最让我感兴趣的是,这位成员能找这个有25年经验的老手,只是因为在互联网上看过专家的照片和传记。照片让他认为专家平易近人,不会拒绝公司内陌生人的提问。"

关键点是什么呢?把你的专家搜寻系统用户界面做得简单些,专家也要平易近人。大海捞针似地从成堆的资料中筛选,不如直接找到专家,那会让搜寻工作变得简单容易。值得注意的是,不管是搜索"他是谁",还是综合知识与信息,或者是跟踪关键任务,系统都不应该过于复杂。有些团队运用博客这样的简单系统来完成这些工作。关键在于,要让系统运行起来,参与者更新系统信息所花费的时间都应该得到承认并给予回报。

本章阐述了团队保障的尽力执行与其所处的人文环境是如何互相配合的,并介绍了培养内部处理手段的工具的使用。这些内部处理手段是用来配合、综合与吸收外向型团队的外向型行为。通过这种方式外向型团队以实际行动为公司其他部门确立了分布式领导的模式。我们还要注意到的一个外向型团队原则是:团队对外部和内部内部处理手段的需求与重视程度是随时间变化的。下面我们将讨论外向型团队的时间框架:灵活阶段的重要性。

第五章　外向型团队原则三
——灵活的阶段

西海岸公司（West Coast）是一家大型计算机公司，它的 Pro-Print 团队在成立的时候被寄予了厚望。公司高层亲自配合团队工作，希望团队研发出一款革命性打印机，把公司引向一个新的方向。Pro-Print 开始工作的时候投入了大量财力、人力资源，并用六个月时间进行"沙盘模拟"，测试不同的技术和外观设计方案。不同的成员分别负责新设计的不同部分，从公司内外不同地方获得资源和信息。在市场潜力、技术应用和产品组合方案上面团队拥有大量的信息。团队士气高昂，工作加班加点，提出了很多新思路。

但是直到九个月以后，成员仍然不知道该对哪个产品首先进行研发？对设计中采用哪些部件等问题也不能达成一致。计划不断推迟，他们仍然决定继续寻找新思路，不断改变产品设计。虽然公司高层在早先相当地宽容，但是到了后来还是给他们施加压力，希望工作能按时进行。但是团队总是延误。而且队长也很少露面，总是口头保证方案会很快出台，却推脱与公司高层的见面。

最后部门经理不得不让另外一个团队加入 ProPrint 的工作。经理始终不明白团队为什么没有通过搜索阶段完成解决方案。[1]

第五章

这样一个前途看好的团队是如何失败的？好像最好的外向型团队该做的他们都做了。团队进行了大量的搜寻活动，公司期望很高；通过交际获得了管理层的支持；任务协调也成功地让成员了解如何与其他团队配合工作。而且 ProPrint 团队也表现出尽力执行的模样，成员按工作分组，也做了大量的头脑风暴法思考。

问题在于，团队并不明白自己的任务是创造新产品，是推荐新的企业工作模式，是为特定地区提供咨询，还是销售复杂的产品，或者是编写程序代码。成员的工作重点不断变化。随着任务要求的改变，成员也不断修改自己的工作内容和方式。[2]

外向型团队的第三条原则表现为灵活的阶段：**外向型团队在它的整个生命周期内不断改变核心任务**。这使得团队不会因为某一项操作的阻碍导致工作停顿。准确地说，有效的团队要经过三个目标不同的阶段：勘探、开发和推出。

首先，团队需要改变自己以了解周围的环境、研究新方向、考察可能的机会（勘探阶段）。然后选择好新方向，调整方向以有效实施（开发阶段）。所有工作结束以后，团队的重心转向如何得到公司更大范围的认同（推出阶段）。

值得注意的是，成员需要能够根据所处的各个不同阶段，将关注的重点有所转移。勘探阶段的重点是彻底了解团队的任务、机会、过程和产品。下一个环节——开发——的重点是运用勘探得到的信息进行创新，将梦想转化为实际的产品。最后是推出，将成员的经验和热情传递给接受团队后续工作的人，将团队的作品交给公司，以至推向市场。不同的阶段需要不同的工作重心，也就需要不同的外向型团队行为。

这些重点转移对于有些团队来说看上去不可能完成。不是所有团队都能够了解的——到了一定程度成员就应该脱离勘探的内容，进入下一个阶段；到了一定程度他们的新想法就应该突破团队范围，融入企业

外向型团队原则三——灵活的阶段

的工作进程中去。他们死守一个模式,不能转向下一个阶段,从而导致失败。[3]就像 ProPrint 团队,成员沉溺于勘探阶段的沙盘模拟中不能自拔。也许他们只是想等等,在转向下一阶段前再收获多一点点数据,多一份报告,有时候就不能前进到下一个阶段了。这些团队的成员对问题有很多新的看法,对原有的观点提出很多质疑,为团队未来方向提供了很多参考建议。这些在探索阶段很有用,但团队总是要前进的。

其他团队错误的做法是,忘记勘探阶段的一切,而直接进入开发阶段。团队完成任务的动机如此迫切,以至于想到一个解决方案就去做。管理层在不知情的情况下加强这种"解决意识",催促团队迅速确定粗略目标。这样会引导成员仓促地选择错误的方向,或者不能摆脱旧有的思维框架。最后,有些团队不注重推出阶段,没人承担把产品融入企业的责任。因为没有这种热情和责任感,成员们发现自己的工作得不到重视和肯定。

为什么说经过这些阶段很重要?从团队的角度来看,为自己,也为企业创造价值,成员需要有追求目标。在这个过程中,团队内部会形成前进的动力、集体的凝聚力和成就感;从外部获得的赞赏加强了这些效果,得到管理层的赏识。这个过程要求成员把创意转变成产品,把知识经验等资源从他们个人拥有的财富转变为对企业的价值。对成员个人来说,团队是他们表达意愿的途径。这个过程是他们将自己的想法加以实施并了解实际效果的机会。一旦他们的想法不能形成实际效果,他们就再也没有表达自己意愿的机会了。

从竞争的角度来看,如果企业想要运作好,就需要一系列丰富的创新产品与工作流程。只有成员以新的眼光看待世界,接受新事物的时候,创意才可能产生,并迅速成型。只有将猜想变成现实后才能拿出来让客户和用户体验,获得反馈后才能加以完善。另外,随时保持竞争的压力可以加快工作速度。如果团队工作进展过慢,也

第五章

许竞争对手就会取得领先优势,而团队的机会就会减少。还有另外一种危险就是,如果花费时间过多,勘探得到的信息也许会过时,而流程还要重新开始。

灵活的阶段之所以重要,还有另外一个关键的理由:成员配合公司内其他部门创建适合创新与变化的构造,能推动外向型团队实行分布式领导。经过这三个阶段,外向型团队能将分布式领导从理论变成现实,在公司内推广分布式领导。

在对每个阶段进行进一步了解之前,我们希望进行一项重要研究,考察这些阶段是如何重叠联结,如何将本书早先讲述的外向型行为(搜寻、交际和任务协调)的顺序表达出来的。总体上说,这些外向型行为构成了外向型团队的基础,灵活的阶段就像是"语句结构"或者"语法",可以将这些基本结构进行排序与组合。

更确切地说,搜寻行为贯穿所有三个阶段之中,勘探阶段应用得最多。交际行为也是贯穿所有三个阶段之中,在勘探阶段和推出阶段最为重要。任务协调行为同样贯穿所有三个阶段之中,在团队进入最后阶段尤为关键。

同时,灵活的阶段对分布式领导的四种核心能力的顺序进行监控。这四种能力包括感知、关联、展望与创造。[4]感知是卡尔·韦克(Karl Weick)提出的概念,意思是了解团队及其成员工作的内容。[5]关联是在企业内外建立关键连接。展望是描述出任务的愿景与未来。而创造则是设计新的工作配合方式,实现描述的内容。勘探、开发和推出这三个阶段的行为都需要分布式领导不同作用的组合。在本书结束章节我们将回到外向型团队作为实行分布式领导手段的主题,进一步讲述这四种领导能力。

表 5-1 汇总了每个阶段的关键任务,以及阶段成功转换所需的领导和团队行为。从勘探开始,我们按顺序了解灵活的阶段。

表5-1 外向型团队的阶段

	阶段		
	勘探	开发	推出
任务	探索： ·新观念看世界；鼓舞士气；勾画相关任务、客户、技术、策略和人物等内容 ·创造了解与机会创造 ·争取公司高层认同	设计： ·作出选择并将理念变成现实 ·快速建立原型，寻找最佳方案	扩散： ·激发企业及市场对团队工作的热情 ·获得公司高层及客户对团队工作的反馈及评价
关键领导能力	·感知 ·关联	·展望 ·创造	·关联
核心外向型团队行为	·搜寻 ·交际	·交际 ·任务协调	·任务协调 ·交际

勘 探

麻省理工学院在美林证券开设的投资课程上，安德鲁·罗（Andrew Lo）教授提出了一个金融风险方面的全新理论。美林证券一个拥有8到10年经验的券商团队接受的任务是，根据这个理论设计一款新产品。

在我们的指导下，团队成员采用外向型行为方式，首先"了解"行业概况（就像我们所说的，了解就是体会自己所面对的环境）。2004年，金融服务行业很不景气：边际利润减少，交易越来越自动化，导致成本压缩。无论是证券（股票）还是债券市场的效率都太高了。如果可口可乐或者花旗银行有什么利好消息，投资者就会蜂拥而至，但没有办法获得很多利润。团队决定寻找效率不是那么高的市场，这样的市场相对而言

第五章

缺乏信息和分析。

目标确定下来后，团队进行大量的搜寻和交际活动，寻找机会和可能的支持。不过成员不是很确定如何去做，他们大部分习惯于设定自己的目标，各做各的事情。他们不习惯想得太多，也不愿意主动与团队以外的人进行头脑风暴法讨论交流。因此，成员无法确定下一步的安排。

随着递交进程报告的截止日期迫近，一个叫亚当·威廉斯（Adam Williams）的成员站出来组织团队进行勘探，他说团队应该进行分组，做点什么。他需要一些成员了解客户的兴趣，另外的成员进行研究，还有些需要探索技术及相关事项。另外要联系美林证券的其他同事以取得在公司内的配合与支持。当任务逐步展开，成员选择自己感兴趣的工作积极进行。成员塔拉·莎夫（Tara Shav）声称自己与技术相关人员关系密切，她愿意研究团队思路的可行性。克里斯汀·希尔（Kristin Hill）担负起组织任务：从幻灯演示到数据汇总；她把所有的内容写下来，整理好各种想法。托马斯·罗斯佐克（Thomas Roszko）在美林证券纽约总部负责信息收集。

很快团队收集到许多主意。成员注意到人们愿意与他们交谈，交流对产品的看法与期待，团队士气振奋。托马斯·罗斯佐克（汤姆）在与一位高级分析师拉吉·辛格（Raj Sinha）的交谈中发现机会。他们俩进行头脑风暴法思考，想出了一些点子，但是他们所想的都围绕着一个核心思想——经营垃圾证券（垃圾证券指的是那些快要破产的公司的股票）。不过他们想的更远，超出美林证券允许他们运作的股票范围。公司高层曾经提起要加强债券和股票部门的合作。拉吉和汤姆把债券部门拉进来也许有赢利的机会。汤姆知道这个机会难得：这是个新事物，而美林证券有竞争优势，团队和公司一位高层领导对此都很感兴趣。从财务角度上看，也能赢利。

团队考虑了三个方案，这只是其中之一。成员要对三个方案进行评

外向型团队原则三——灵活的阶段

估,挑选出其中最好的。团队所有成员都认同拉吉和汤姆的方案是最好的,于是勘探的注意力就集中在这种垃圾债券交易的方案上。相比本章先前提起的 ProPrint 团队,美林证券的团队处在优势地位,成员除了收集信息以外,还想办法过滤信息,不断前进。灵活的阶段的关键是通过调节节奏保持工作的进展。

于是汤姆把他的想法和其他人交流,并告诉他们整个事情进展顺利。他后来告诉我们:"和比你有经验的人交谈的时候,当他们提问'这是什么?那是什么?你是不是应该看看这个?'话题就会自然而然地进行下去。[6]"汤姆提到了杰夫·坎贝尔(Jeff Campbell)和亚当·威廉斯的帮助,他们三人一起努力推动这个想法实现。汤姆提出一张25人的联络清单,他们可能具备一些垃圾证券交易经验,成员将与他们一一交谈。杰夫曾经与 MCI 公司有过交往,知道垃圾证券交易的难度,但是他看到了技术变革可能带来机会,他决定从这个角度入手。成员士气高昂,经验丰富,还获得了公司高层的一些支持。而与债券从业人员的谈话带来了真正突破性进展。

因为成员的业务都在股票方向,他们一直保持与美林证券的同业人员交流。但是勘探和了解的关键在于走出自己熟悉的范围,与见解不同的人进行交流。于是成员跑到债券部门找人交流。他们发现美林证券有很多专精的分析师:新产品并不只限定在快破产企业的股票交易,公司有能力通过分析找出其中较好的交易。与债券部门的交流让成员认识到他们应该建立一个能综合垃圾证券的分析与交易的债券股票联合交易平台(一群人聚集在交易区,撮合某种市场或者产品的买方和卖方)。原先只是债券部门负责给交易员提供建议,而如今股票和债券的操作可以在同一个平台上进行了。

同时,塔拉与相关方配合以保证团队设想的这个平台不会与美林证券的政策法规相冲突。一切看起来很顺利,大家对项目的前景很乐观。

第五章

美林证券的例子很好地说明了勘探的目标是收集信息,了解目前的情况和可能的发展方向。基本上来说,首先这个阶段进行的是了解。就像我们已经说过的那样,这也是领导职能的主要任务。在这个阶段,成员们要了解自己的任务与所处的环境,包括政策法规等本地概况、公司概况和从各个角度对团队任务的理解。成员还要详细了解行业、市场、技术、竞争和客户,了解公司的战略动向,以及团队所处的文化环境与运营方向等。

勘探阶段的了解包括大量的搜寻行为。搜寻是一种研究学习的行为,成员试图了解周围的一切,与公司其他人进行头脑风暴法讨论。他们询问客户未被满足的需求,了解公司在竞争中的漏洞,倾听其他同事的抱怨。团队要做自我检查让工作完成更好,并与公司高层的目标保持一致。成员与公司其他同事交流找出对目标实现的各种威胁。最后他们还要与以前做过同样任务的人交流失败的经验,以避免重蹈覆辙。

要保证搜寻的效率,成员就要改变思想,学会去感知。[7]在勘探阶段,成员们要抛开他们原有的思维模式,改变原有的看法(例如说"那些'该死的'营销人员"),换种眼光看待他们自以为已经熟悉的世界。在勘探者眼里,整个世界都是未曾探索过的处女地。

新的理解让团队能够实现勘探和感知的另外一项目标:勾画出一个可以让所有成员共享的构想、轮廓、蓝图。这份构图要把握住外部事物、工作重点和产品期望的主要特征。这份构图让团队的行动获得更多的信息支持,特别是当成员能够把复杂的环境信息简化成主要模式与趋势的时候。通过共享外部环境以及目标信息,团队要找到前进的方向并不是那么困难。面对新鲜的事物和可能的成就,成员士气得到激励。美林证券的团队走出旧的框架,看到新的机会:一个系统、有效地跨越了股票和债券,能够创造新价值的交易平台。

从团队内部的角度来看,这种构图是一种安全的保障。未知的领域

外向型团队原则三——灵活的阶段

让人恐慌,团队更愿意把目光转向内部,做些熟悉而有把握的事情。而构图让未知的情况变得清晰,工作得以实施。美林证券的团队成员勾画出产品的概略,确定达到目标必要的步骤,以此方式不断推进。

但勘探阶段并不是只有了解、搜寻和构图。勘探阶段还包括领导任务——关联,也就是与企业内外的关键性人物建立联系。当然,一种主要的关联是与公司高层的联系,大部分的交际活动代表着团队的利益与意识,收集资源,将团队的工作与公司的战略目标协调一致。同时还要取得高级管理层的认同,让他们拥有参与感,从而在企业较大的势力分配中为团队出头露面。如何将团队的工作与公司的想法协调一致,协调解决更深层次的问题,在这方面公司高层有着自己的看法。例如美林证券的公司高层就要求团队走出自己熟悉的股票业务,探究债券的新领域。

勘探阶段胜利完成以后,团队又吸收了一些成员,并建立起内部交流的模式,团队的项目也通过调研得以定型。只要成员们配合工作,就有希望完成任务。如果团队外向型工作完成顺利,还可以建立一些外部关系帮助团队适应环境,获得信息和其他支持。团队面临的主要挑战就是从可能的想法过渡到实在的成果,而不是每个团队都能做得到的。

与 ProPrint 团队不同,美林证券的团队成员跨越了障碍,完成了项目的勘探阶段。他们涉猎了很多领域,访问了公司内外的很多人,比较了很多方案,并最终选定了其中一个。他们提出的方案符合公司股票、债券并举的战略,相信能赢得市场。他们的问题证券平台集中了公司的人力、物力和信息资源。剩下的疑问是:他们能把设想变成现实吗?如果能成,又会是怎样的现实呢?

开 发

在勘探阶段,团队花费大量的精力了解外面的世界;而在开发阶段

第五章

则是作出选择并予以实现,让团队将抽象的设想转换成现实。在这个阶段,成员处在一种两难的境地,着重内部生产的同时,还要建立和维护外部关系。团队仍然需要上级领导的关照与支持,需要外部信息资料,还要加强与其他团队的密切合作。

勘探阶段注重感知和关联,投入大量的搜寻和交际活动,而开发阶段则注重于展望与创造。开发阶段要求成员决定他们自己的工作目标以及工作方式。这是从收集信息、以新观点了解世界的阶段向选择目标以及达成方式的阶段的转变,是从多个方向发散性思维向集中统一决定的转变。[8]

新方向一经确定,成员就需要为最终产品或目标方案建立一个模板。团队产品是怎样的形式?有哪些特点?哪些功能最重要?要作出哪些牺牲?

搜寻、交际和任务协调在开发阶段表现出的特征与勘探阶段大为不同。在勘探阶段,搜寻就是学习其他团队类似项目的经验,挑选最佳实施方案,以及了解客户对团队设想中产品的反应。与勘探阶段相比,开发阶段的搜寻活动减少。关联就是与领导沟通信息,吸引他们的注意,获得他们的建议。因为团队已获得认可,只需要维持这种认可。与勘探阶段相比,开发阶段的交际行为亦有减少。然而与勘探阶段相比,开发阶段的任务协调行为大量增加,因为团队发现其他群体的贡献对实行团队新设想很重要,需要将这些群体与团队的计划联系起来,劝说他们提供帮助。

勘探阶段一个明显的矛盾就是团队与公司其他群体应当保持多大的距离。隔离能让团队隔绝外部势力的影响,将精力集中于自己的设计原型。没有外人指手画脚,团队能更快完成阶段的过渡。但是隔离越彻底就越容易形成一层团队的外壳,成为"你"与"我"之间的障碍,让外部人员感觉到敌意,从而使推出阶段的过渡更加的困难。而美林证券的团

外向型团队原则三——灵活的阶段

队的选择是让自己与国内公司的其他群体联系更密切。

美林证券的团队成员知道他们正处在过渡的时点上,他们花时间讨论团队的观念:建立一个前所未有的分散式平台,涉猎股票和债券。他们认为自己的创意不错,不过现在最重要的是他们要想办法去实现创意。他们设想平台如何工作?有哪些人员参与?利润有多少?他们准备了计划,项目一旦被批准计划可以在3—6个月内完成。

将设想变成产品意味着有很多工作需要完成。塔拉努力勾画出平台的实际工作方式,需要考虑的问题包括:销售人员是否通过平台向交易员发出订单?订单管理系统应该是什么样子?采用什么样的方式处理市场信息?塔拉与三四个系统部门人员一起处理这些问题。搜寻工作收集系统人员需要的信息,任务协调工作去处理团队与系统人员间的工作关系。

与此同时,亚当和克里斯汀主要负责组织协调工作:把团队工作以文字形式记录下来,对成员所做的工作、任务完成情况以及时限等予以确认。汤姆、杰夫和亚当还做了许多网络方面的工作,检验团队的设想,以及作出项目预算。在作出更多的交际行为后,他们了解到这些工作对于管理层的决定影响很大,关系到项目的前途。

分散式证券交易非常复杂,有许多细节需要考虑。也许一个星期有上百家公司倒闭,也许一个星期只有一家破产,这方面杰夫做了大量的工作,他决定做一次案例分析:"好了,让我们看看最近倒闭的四家公司。他们交易的成交量多大?如果美林证券采用这种新平台的话,我们会交易多少支股票?交易额会是多少?"成员们考虑了各种因素影响下的各种局面。然后他们考虑人员安置:需要多少人员?薪资是多少?平台安置在股票部门还是债券部门?美林证券的团队在开发阶段的大部分时间花在分析平台,将面对各种局面,并建立相应的模板。考虑了各种局面下不同模板的有效性,最终的方案选择变得简单有效。

第五章

与此同时,汤姆为难的是,如何从运行类似平台的两个同事中作出选择。他们都做了相当的分析,汤姆于是决定从他们那里学习尽可能多的知识。搜寻贯穿了整个过程,不过大部分时间花在比较其他人在类似问题上的处理方法,以及这些方法的应用及改良上面。在开发阶段,搜寻行为的目的并不是寻找了解周边环境的新方法,而是收集目标方案的信息。

在开发阶段,美林证券的团队采用自己的方式将其设想转化为真实产品。成员了解团队的设想并为之奋斗。为了实现目标,他们创建了框架和工作流程。这个阶段也可以称为"执行",也就是任务执行。团队继续进行搜寻和代位法学习,不过主要关注于平台实际工作的细节。团队继续进行交际,寻求支持,不过不如勘探阶段频繁。团队的主要精力都集中于任务协调,向平台设计相关人员了解功能设计和系统配合方面的想法与反馈。团队内部会议主要用于头脑风暴法讨论成员可以获得的最优设计方案。

团队将设想转换成真实产品,下一步就要看团队是否能够将团队的热情与经验传递给其他人,并对新产品进行试营销,以获得反馈来进一步改进产品。

推 出

和大多数团队一样,美林证券的团队希望自己的项目得以实施。成员有两次机会向公司高层陈述,他们决定好好利用这两次机会。搜寻活动仍然继续,目标定位于如何做好陈述,劝说公司高层采用他们的方案。交际行为仍然继续,目标定位于如何争取公司高层的支持。他们希望得到承诺,高层管理人员在平台成功建立后能够参与进来。任务协调行为仍然继续,去争取其他团队对本团队设想的支持,并建立新的工作方式。团队士气高昂,成员都投入自己既定的角色中去。

克里斯汀负责整理陈述报告和电子演示文件，以及保障后勤。其他成员提供建议，他们花费很多心思考虑怎么更好地表达自己的想法。如何吸引公司高层的注意力？杰夫有过一些重要股票的实际交易经验，所以注重于案例分析；亚当负责掌控全局；塔拉负责系统及相关事项；汤姆负责核心概念的细节。团队围绕任务目标进行了明确分工，现在要做的就是让其他人了解他们设想的价值。

和美林证券的团队一起，有几个团队同时向道·金（Dom Kim）作汇报演示，道·金是公司执行副总裁兼全球营销和投资银行部门总裁。成员有些紧张，但是决定全力以赴。汇报演示的效果很好，道给了团队很多鼓励。成员们都很高兴，那天晚上离开会议室后他们决定聚餐庆祝。稍后他们得知项目被批准，新平台可以创建了。公司的高级经理科里·卡莱西莫（Corey Carlesimo）从平台正式启动就参与了项目，成员们一直不断地给他提供平台的说明、建议和指导。团队的创造性劳动得到赞扬，他们为分散式证券团队优化设计，推广新平台，这些都给团队带来了好名声。

美林证券的团队案例表明：推出阶段的任务是把团队的工作成果向公司甚至市场进行推广。成员将他们的知识与工作热情传递给接手的人。推出阶段的任务可能是从模型设计转向大规模生产和销售，也可能是将一个部门运用很好的处理手段推广到其他部门。在推出阶段，成员要全力以赴，交换各自的经验知识，引导他人接受其原本不想要或者不了解的事物。成员还要想办法把他们的工作成果恰当地表现出来，而他们往往是过分关心细节而忽略吸引他人兴趣的。

团队的另外一项要转换的是心态，这个转换比较困难。有时候成员们很难改变他们的心态，他们觉得自己的工作成果的改善还是靠亲手完成的好。有时候成员们觉得除了自己，公司里没人能够正确理解与评价他们的工作成果，从而不愿意与其他人分享他们的知识。而且，隔离在

第五章

保障了勘探阶段效率的同时妨碍了成员在推出阶段的能力发挥。即使团队愿意进入推出阶段,有时候也会出现无人接手的局面。没有工作热情与所有权的传承,开发阶段转到推出阶段出现的任何问题都可能导致整个任务的失败。

本章概述了团队行为的三个阶段:勘探、开发和推出。IDEO 是一家以创新闻名的产品设计公司,总部设在帕洛阿尔托,公司首席执行官蒂姆·布朗(Tim Brown)2006 年在麻省理工学院斯隆管理学院演讲时提到过类似概念。IDEO 要求成员在产品研发的第一个阶段要像人类学那样细致地了解所有关键人物对产品的看法和使用方式。例如在设计一份新的急诊室平面图的时候,IDEO 雇员在一个病人的头上安装一个照相机,查看病人 10 个小时获得的图片,成员从病人角度得出的观点,这种观点是医院员工所不具备的。这样的方法才是我们所说勘探的意义所在。

IDEO 成员在下一个阶段进行头脑风暴法讨论,分析各种可能的设计,快速定型,检验不同的方案,找出最优选择。然后通过一项类似于开发的多项选择方式决定最终的方案。最后,团队把产品向公司及客户展示,并与潜在客户配合进行现场测试。这个阶段类似于推出。

团队行为分三个阶段:勘探、开发和推出,每个都反映了不同领导能力的应用。外向型团队通过灵活的阶段体现出分布式领导的应用:外向型团队从感知过渡到关联,到展望和创造,然后再关联。在不同阶段执行各种外向型行为的时候,外向型团队将这些关键领导能力进行了很好的分配。外向型团队充实了企业的眼界和战略,是企业的眼睛。它能促进研发,组织生产,它们的经验的推广为企业作出贡献。外向型团队将好的创意变成现实,从而调控着企业的远景规划。

本章显示了勘探、开发和推出三个阶段是如何有序运行的。但是实际过程并不简单。美林证券的另外一个团队案例表明道路并不总是那么平坦。他们很顺利地进入开发阶段，却发现公司律师认为产品风险过大而不同意项目继续进行。团队不得不回到上一个选项，重新进行勘探。另外一个团队发现正在实施的方案原来已经尝试过，客户并不满意，团队不得不回到开发阶段，根据客户的需求对产品作出一些修改。尽管这些团队遇到一些麻烦，成员们仍然觉得勘探、开发和推出的步骤能帮助他们集中注意力和调整节奏。

本书编写时，美林证券团队的分散性证券平台已经运行两年了。第一年是处在研究建设阶段，已经有百万美元的营业额。第二年对平台进行了调整，更好地分配人手和设备，并扩展了平台的功能。使用人数由2个增加到6个，操作的公司数量翻了一倍。与第一年相比，日均交易量升到了15倍，总交易额提升到20倍。显然，分散性证券交易利润丰厚，美林证券尝到了领先的甜头。

就这样，美林证券的团队通过勘探、开发和推出三个阶段达成了成员的目标，他们的个人学习研究、工作以及对公司的贡献也因此改变。从竞争的角度来看，美林证券得到一种超越对手、利润丰厚的新产品。从分布式管理的角度来看，团队把公司高层、交易人员、股票及债券人员、客户、律师以及一些相关人士团结起来，协作达成公司目标，让股票及债券部门结合起来，为公司争得了荣誉与利润。成员们在不同阶段合理分配感知、关联、展望和描述等责任。

如今要面对的问题就是：如何保证灵活性、活跃性，并实现分布式领导？什么结构能支持外向型团队的运行？答案将在下一章给出。

第六章 外向型因素
——外向型团队的支撑结构

希拉里·克林顿认为：培养孩子需要环境。[1] 推行分布式领导需要外向型团队具备创新、适应环境的能力，来实施公司战略。外向型团队并不简单：需要融合内向型行为与外向型行为，不同时间作出不同行为，将团队的工作激情和见解与公司的宏观战略以及周围的专家的观点相沟通。团队怎样架构才能完成如此复杂的任务？关键在于外向型团队的三个核心特征，我们称之为"外向型因素"：广泛的关系网、可扩张的关系网和成员交换。

如果说外向型团队三原则是团队走向成功的手段，那么外向型因素则是这些手段的支持结构（见图 6-1）。**广泛的关系网**将团队与复杂的人际网络连接起来。**可扩张的关系网**让团队成员配合工作，以应对复杂环境，并保持任务转换时必要的灵活性。这些关系网用以区分团队工作中不同角色、不同层次的关系。最后一个是**成员交换**，成员交换为团队随时配置需要的人员，以保证团队拥有恰当的技能组合。

第六章

图 6－1　外向型因素

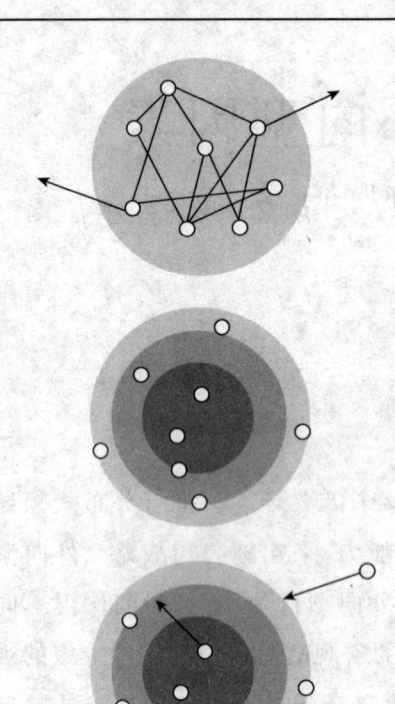

广泛的关系网
- 知道需要联系的对象
- 利用弱的关系网
- 利用强的关系网

可扩张的关系网
- 核心：创建团队战略，作出重要决策，配合团队的其他成员工作，传承团队的历史与精神
- 操作：执行团队任务
- 外部网络：特定或者可分离的任务，兼职或者部分参与的人员

成员交换
- 人员在团队内外流动
- 人员在不同关系网间流动
- 不同关系网有不同的成员要求

让我们看看微软的网代团队在勘探、开发与推出三个阶段是如何利用外向型因素的。网代团队在产品研发中是相当有创造性的。虽然有很多阻力，也没有什么支持，团队仍然获得了成功。团队不但为网络一族开发了一个新的软件产品，同时也将微软与客户的合作带入到产品研发过程中来。

开始：勘探

塔米·萨维奇（Tammy Savage）在微软工作了 12 年后才发现自己作为商业策略人员的职责是确定公司未来应该生产什么。她的成员包括迈克尔·弗迪克（Michael Furdyk）和詹尼弗·科里耶罗（Jennifer Corriero）。他们很快把目标集中到"网络一族"这个特定的客户群体，这类人年龄分布在13—24岁之间，是伴随着互联网长大的，还不会用抽水马桶就知道用鼠标了。塔米相信这个群体的技术运用与其他年龄群体不同，科技与他们的日常生活已经密不可分。塔米同样相信微软并不了解这个新的客户群体。

为了证实这个想法，塔米与作家唐·塔斯考特（Don Tapscott）做了几个小时的谈话，唐·塔斯考特对网络一族有一定了解。虽然塔米知道网络一族在技术应用方面与其他群体不同，但是她并不了解这个差别具体在什么地方。于是塔米决定与麦克尔和詹尼弗一起，组织一支"人类学家"团队，观察研究网络一族对技术的应用。

当一个朋友提起她的母校即将开始一个月的假期，学生开始找事情做的时候，塔米意识到机会来了。她设立一个项目，让十几个大学生在一个房间里住三个星期，一起编写一个商业计划。塔米和微软的一个小团队一直在观察这群大学生。团队其实对这个商业计划并不感兴趣，而是要观察这些大学生在制订计划的时候如何运用科技。虽然这些大学生声称互联网对他们并不重要，可是实际上他们一直在依靠互联网。塔米确认"互联网对他们就像氧气一样不可或缺"。[2] 这些大学生成天泡在网上，早上起来首先就挂在网上，到晚上很晚才下来。他们给朋友发即时信息、搜索资料或者电子购物。他们已经习惯把互联网当做是生活的一部分。

塔米将这些观察内容总结汇总成报告，并与"电脑一族"和"电视一族"进行比较。这个时候麦克尔和詹尼弗都已经完成了自己的工作，2/3的成员被调走。塔米和剩余的成员配合微软，为网络一族介绍相关人员。塔米努力游说公司给这些新一代技术迷提供服务，而不让其他公司抓住机会抢走潜在的客户。塔米和微软每个部门的人见面都会提起网

第六章

络一族的故事,她解释说:"一个会议能够影响到更多的会议,一个人听了这个故事就会告诉整个团队,最后整个公司从上到下几千人都会知道这个故事。"

  这种手段有很多支持者,也有一些人怀疑。娜丁·扬特(Nadine Yount)是支持者之一,她将塔米介绍给琳达·斯通(Linda Stone)和J.阿拉德(J. Allard)。以琳达为导师,塔米三人为团队的交流作出了贡献。塔米与吉姆·阿尔钦(Jim Allchin)见面后,吉姆对该项目投资并把塔米介绍给微软董事会一个成员。与此同时,塔米和她的团队在公司外也受到追捧,比如《财富》这样的杂志也写文章报道她们的项目。[3]

  质疑者包括比尔·盖茨(Bill Gates)。比尔不只是想知道哪些客户不同,而要了解现有产品如何改变,以及要做出哪些新产品来满足这些差别需求。塔米对这些问题无法回答,她一直在进行培训,打算把这些问题留到产品研发过程中解决。但是既然比尔提出了这些问题,塔米也不打算退缩。

  塔米决定由互联网服务集团(ISG)负责产品。ISG的总裁里克·贝卢索(Rick Belluzzo)答应给这个项目投资,但是一直拖到三个月以后仍然没有看见投资到位。于是ISG的戴维·科尔(David Cole)许诺给予支撑一个小型团队的投资,以此支援这个项目。

  塔米一直在与这些势力打交道,以获得资源,维持项目,这时候她被介绍与米罗娜·詹纳(Melora Zaner)认识,米罗娜一直在研究女性青少年,这个人群属于网络一族的范围。米罗娜认为青少年喜欢闲聊,喜欢交流经验与情感。少女听音乐的时候会希望她的朋友也一起听。米罗娜认为科技有助于少年群体表达情感、获取认同和维持关系。所以当塔米与米罗娜合作的时候,项目的重点从如何提高生产效率到如何用科技来满足人在社交层次的需求。米罗娜成为项目经理,她们俩开始组建网代团队。

外向型因素——外向型团队的支撑结构

下一步就是雇用一群大学生,确定要为网络一族研发什么样的软件。很快塔米就招募了一些研发人员和设计人员,团队成员增加到九个〔除了塔米和米罗娜,还有 C.J.凯特(C.J. Kate)、埃丽卡(Erica)、布巴(Bubba)、拉玛(Rama)、伊扎(Ezar)和尤金(Eugene)〕。团队由微软总部所在的华盛顿州雷德蒙搬迁到更加热闹的西雅图,在一个有开放式平面设计的位置他们建立了一个店面,以供创意和想法的交流。新加入的成员都是伴随互联网长大的,依赖于网络,聪明而且有创造性,希望能扩展互联网的技术界限。

他们打算为客户提供惊喜,而且他们自己也是客户。他们的产品要对人们的生活产生积极的影响,超越一对一的交流方式,通过互联网实现群体合作。

2000年的夏天,新成立的团队花费三天时间重新互相认识,温习塔米与米罗娜已做过的工作。塔米做了大量的头脑风暴法讨论,运用自己的经验对研究早期的一些想法进行评论,一些得到肯定,一些被否定,一些得以引申。重新互相认识以后,新成员开始学习如何在微软管理人员面前阐述团队的观点,同时也使目标客户——网络一族认同想法,并考虑如何满足这些要求。正如凯瑟琳·马尔卡希(Kathleen Mulcahy,凯特)所说的,成员们解释了网络一族关心朋友、娱乐和音乐,关注社交和个人形象,而不注重工作的产出。[4]

作为研究生,他们觉得加入这个团队是令人兴奋的。他们在创建一些全新的与众不同的东西,在微软掀起一场革命。在公司里宣扬他们的目标,一开始就能引起包括比尔·盖茨在内的公司高层的注意。然而ISG开始收回对他们的支持,戴维·科尔不得不取消这个项目,于是需要寻找新的资金来源。一些成员离开了,剩下的对前途也有些悲观。但是他们的激情仍在,他们还要坚持下去。开始只是塔米·萨维奇一个人的想法,如今成为整个团队一致的目标。

第六章

尽管遇到各种阻碍,团队在勘探阶段仍然非常成功。一开始团队就做了大量的搜寻工作,尽可能地了解这种新的客户,塔米访问了一个有关网络一族的图书的作者,而米罗娜搜寻了解网络一族的缘起以及他们的社会、心理和情感生活。其他成员访问网络一族的各个群体,以了解他们生活、科技方面的需求及其对团队产品的看法。其他成员着重了解微软以及其他公司在这个领域内的其他产品。塔米也通过自己的体会提出新产品的建议。在勘探阶段结束部分,他们做了大量的了解工作,以获得对客户、市场和科技的深入了解。

任务协调只在勘探阶段后半段运用,在整个过程中作用不大。而交际行为贯穿了整个过程。当塔米发现网络一族与众不同,发现其中有商机,她就为此努力奔波,寻求公司领导以及各层次的认可与理解。塔米并不是一个人在做,新组成的团队一致认同这个目标,都在努力向公司高层推介,整个团队都成为外交家。塔米在与公司高管见面寻求后续资金的时候都有其他成员的陪同,这就迫使这些成员学会揣摩领导的意图,并让领导明白公司为什么需要这个产品。就这样勘探要做到与多方有影响的势力联络,让公司接受。团队坚定地执行在研发过程中采用客户的观点,这样一个新视角推动公司高层以下人员投入创新,企业文化发生变化,新产品得以开发,在行动中催生分布式领导。这个成就要归功于三个外向型因素。

广泛的关系网

要投入上述外向型行为,成员就需要与外部人员建立起广泛的关系网。其中,弱的关系网是与彼此不是很熟悉的人建立联系,弱的关系网帮助团队处理好公司内外容易得到的经验和知识。这些人要求不多,容易接触。强的关系网则牵涉到密切的配合与复杂的知识交流。这样的关系通常需要双方非常信任,彼此交往很长时间。强的关系网通常在成

外向型因素——外向型团队的支撑结构

员需要重要的帮助或者支持的时候发挥作用。[5]

无论是强的关系网还是弱的关系网,两者都让成员能跨越团队的界限获得外部的帮助。如果没有这些关系网,团队就不能找到所需的经验、资源和支持,从而浪费大量的时间。

网代团队利用各种关系来帮助完成团队任务。从一开始塔米就在运用她那熟悉的关系推动团队前进。与一位大学研究生的弱的关系让她接触到一群想要在学校假期间做点事情的大学生。而与公司高层的强的关系让她获得需要的资源,并宣传网代团队,同时躲开那些对项目持否定意见的人。有些与公司高层的关系建立于很多年前,而且一直密切联系,是非常强的关系。如果塔米需要去影响说服一位高级管理人员,有时候她会亲自出面,有时候通过她认识的另一位高级管理人员去说服会有更好的效果。

实际上塔米与米罗娜·詹纳也是通过这样的关系网认识的。而米罗娜则带来了她自己的广泛的关系网。米罗娜在微软和一个大学社团能够接触到一个研究和编程为主题的关系网,通过这个网络获得的知识与经验对产品的研发起到了至关重要的作用。

关系网的运用已经成为网代团队的重要规范。新加入的成员带来塔米与同学、老师、朋友的关系。这些关系网使得团队的设想可以在很多校园里得到反复检验,也能为团队拉来更多的潜在客户。如果团队遇到的问题没有现成的关系可以解决,团队会毫不犹豫地建立起新的关系来完成任务。没有这种关系网结构,搜寻、交际和任务协调的难度都会大大增加。

可扩张的关系网

如何架构这样一支团队:有鲜明的独立个性,有确定的心理安全,同时保持扎实的关系网,并执行必要的外向型行为以完成任务?答案就是

第六章

在团队内部运用可扩张的关系网。外向型团队对三种关系网运用造成不同形式的团队成员关系：核心、操作层面和外围关系，成员在执行任务时，通常牵涉到不止于一种成员关系。

核心成员。 外向型团队的核心成员一般从开始就加入团队，代表着团队的历史与精神。他们通常首先提出设想并且热切投入，带领团队度过艰难时光，队长往往是团队核心之一。在与团队其他成员配合工作的同时，核心成员还制订团队策略，作出重要决策。他们了解早期及现有决策的理由，作出合理结构布局。核心并不意味着管理的职位。核心成员通常不和其他相同或者更高职级的成员一起工作，而为其他外向型团队提供操作层面和外围关系的服务。

开始的时候，塔米与迈克尔和詹尼弗是团队仅有的核心成员。他们交流对团队的看法，着手必要的框构搭建和资源收集，把网代产品对微软的重要性显现出来。在早期的成员离开以后，米罗娜加入成为核心成员，和塔米一样积极地宣传产品。米罗娜同样还致力于扩建团队，对不同的关系网进行管理。

随着团队的发展，有更多的人成为核心成员。即使部分核心成员离职，只要有更多核心成员的加入，团队的工作仍然能保证稳定开展下去，而且在一个核心成员操作性任务繁重的情况下可以让其他人分担一些核心任务。这是一种在多人承担核心领导职责情况下的分布领导模式。团队一旦失去所有核心成员，就需要很长时间才能回到正常的轨道。

操作层面成员。 团队的操作层面成员负责项目的日常工作。不管是设计电脑或者是确定油井打孔的位置，操作层面成员只要做好安排的工作就行。他们与团队内所有成员紧密联系。一个外向型团队的工作往往是分配给很多操作层面成员来完成的，他们所要关心的主要是要做什么工作,以及如何做好工作。塔米只要处理好所分配工作的协调,而整个团队的协调任务交给了核心成员。操作层面成员如果能理解和认同团队目标的理念与重要性,塔米的积极性会更高。除非具备核心成员的身份,否则他们通常并不参与团队目标理念的创建,但是可以随着时间的推移对团队的发展产生影响。

网代团队有几类不同的操作层面成员。在早期有人类学家团队,他们通过观察一群大学生的行为了解网络一族是如何理解和运用科技的。在后期,这群成员分散到其他任务中去了,而另外一群操作层面成员开始进行针对客户、市场和科技的头脑风暴法探讨与了解。随着任务所需的技能与经验要求的变化,操作层面成员的组成也不断变化。

外围关系成员。外围关系成员通常参与处理团队日常工作以外的一些分任务。他们通常是兼职或者是只参与部分环节,与团队的操作层面成员或者核心成员保持一对一的密切联系。[6]外围关系成员提供团队所需的专业知识,随着团队任务的改变,参与的外围关系成员也可能更换。外围关系成员只是短时间参与项目,不与其他队员接触,也不一定能参与机密会议和社交活动,所以对团队或者项目的结果不承担责任,他们对公司另外的部门负责。

网代团队在早期没有多少外围关系成员。互联网文章的作者和制订商业计划的大学生在提出他们对网代团队工作的评价和对科技的想法的时候,在一定程度上扮演着外围关系成员的角色。娜丁·扬特、琳达·斯通和J.阿拉德指导塔米的时候算是外围关系成员,《财富》以及类似刊物的记者对整个团队进行短期宣传报道的时候也称得上是外围关系成员。

我们认识的一个新创公司也有类似的三关系网结构,不过员工分别用"猪"、"鸡"和"牛"指代核心、操作层面和外围关系成员。想象一顿鸡

第六章

蛋熏肉的早餐：猪投入了生命，鸡付出了鸡蛋，而牛提供的牛奶只是副产品。这个新创公司的用词能很好地体现不同的角色和责任："在鸡的位置上只要考虑鸡的问题"或者"我们需要这头牛挤至少两个星期的奶。"

成员交换

我们的第三个外向型因素——成员交换——意味着外向型团队的成员是流动的。项目过程中，人员在团队内外和各种关系间流动转换。实际上外向型团队的一个标志就是对任务和环境的适应能力，即便是从勘探到开发到推出三个阶段包含了从探索到研发到发布等三个大相径庭的任务。为了适应任务、外部条件和操作模式的变换，成员交换是必要的。很少有固定的一群人采用固定的方式能完全适应团队所有的变化。即便塔米能做到，外向型团队的很多成员都有别的事情要去完成，因此外向型团队成员是变动的。

网代团队采用通常的模式：开始只有一个或者一小群人，然后慢慢增加，成员出现变动，而到最后成员又慢慢减少。随着任务改变，对经验、技巧和关系的需求也发生改变，网代团队和很多其他团队一样，核心、操作和外围关系成员也发生变动。

看看网代团队的经历，我们可以很清楚地看到一些成员的变动。塔米与麦克尔和詹尼弗是团队的核心成员，因为一些特定的任务，团队中加入了一些人类学家。接下来大部分人员没有离开，而米罗娜参与主持工作，改变了核心任务的内容。一群新的操作层面成员加入核心集体，带来新的想法以及与其他成员的关系网。这样的特定组成是为了勘探阶段服务的，这个时候塔米和米罗娜作为核心成员负责团队的组织，同时也作为操作层面成员参与这个阶段的主要工作：头脑风暴法讨论与咨询。

网代团队顺利的度过勘探阶段，调查分析网络一族的需求。然后就不用考虑软件能做的事情,而是要考虑好如何让团队运转起来,这样成员才能安心考虑自己要做的设计、研发和测试等事情。外向型三因素确保团队向开发阶段的转移。

梦想成真：开发

有一点我们都清楚：没有人愿意主动退缩。塔米·萨维奇找到高级管理人员吉姆·阿尔钦要求项目资金。吉姆同意她到威尔·普尔(Will Poole)手下工作,威尔·普尔鼓励她组织一个团队来将她的想法转换为现实产品。

这个团队重新启动的时候伴随着很多不确定的因素。塔米还没有研发过一件产品,她会承担起领导项目的职责吗？普尔愿意承担投资风险,所以这个答案是"塔米会承担起责任"。团队是在比较热闹的西雅图工作还是要搬回公司总部所在的华盛顿的雷德蒙？经过一番努力,成员被允许待在西雅图他们宽敞的办公室里。在各种势力的干扰影响项目资金等情况下,成员能否创造出理想的产品并推向市场吗？答案是成员能做到,但是需要他们运用好各种关系和交换成员来应对这些挑战。

勘探阶段所做的头脑风暴法讨论和研究最终汇总成为团队的第一个模板,代号是"流行"。不过成员们不指望"流行"一开始就完美无缺,他们频繁与客户及有关人员会面,建立新功能模板,取得客户的反馈,作出修改,找公司高层要更多的资金,然后不断重复这个过程。在此期间,成员们提交了许多有关这种"演习"的报告：首先是领导总结并确定一个代码完成的截止日期,然后每个人都疯狂工作,以在他们的截止日期前完成自己的任务。就像一个成员所说的,"我们已经在拼命工作了",但是团队是否能做出点什么还是有很多人怀疑。

2001年的12月,塔米雇用了研发经理约翰·维特(John Vert),他已经在微软工作了10年,具有丰富的产品交货经验,他给团队带来了新

第六章

的经验。这个时候有一些早期成员离开了,但是C.J.凯特和其他一些人留下了。约翰的专业知识也让吉姆·阿尔钦对团队有了信心,吉姆保证了团队后续的资金供应。

约翰告诉成员产品交货需要具备哪些条件,给了团队一些希望。响应约翰的建议,成员决定简化"流行"的模板,拿出这个简化版让人测试,了解客户的想法,根据反馈进行改进,最终完成交货。产品得以简化后,软件研发速度加快,客户也能够接受,更多的功能可以后续增加。凯特和其他人一起推广这个简化版,获得许多反馈。到2002年2月,团队终于制订出网代软件的计划。

为了确保这个向产品设计的过渡顺利实现,团队进一步明确了组织结构,项目经理所负责的软件功能也得以确定。例如C.J负责"混音"(Music Mix),因为他是一个狂热的音乐迷,想看着音乐在团体间共享的实现。他对这项功能充满了热情,对如何将这项技术变成现实也有很好的想法。凯特负责"传情动漫",在人与人之间传递亲密的感情。

然后团队开始编写全面规范,这些规范让团队了解利用现有的技术。团队利用视窗系统的端对端技术与其他工程师配合设计需要的新技术。部分网代成员与雷德蒙的一个团队一起测试他们已完成的软件部分。塔米还决定与对等网络团队(PNT)一起工作,找出团体间连接共享音乐交流经验的方法。其中一个重要的举措是让一些网代成员与一位叫托德·马尼恩(Todd Manion)的成员会面以确定双方的配合方式。托德虽然是刚毕业的研究生,但是与网代团队配合得很好,是PNT对产品支持的有力保障者。

与其他团体打交道是相当辛苦的。到2003年2月,新老终于有所回报,叫做"三度"(意味着三度的间隔,客户保持这个比较亲密的距离容易沟通与交流)的测试版推出上市。团队举行了一场大型聚会,新产品的上市吸引了微软员工的注意力。原来大家都想着"塔米雇用的是一

外向型因素——外向型团队的支撑结构

帮疯狂的大学生,她以为她能改变世界",一下子变成"哇,那个团队还真给微软带来了不一样的东西"。大家都很吃惊,团队把一个很模糊的设想变成了客户可以使用的产品。

但是开发阶段还没有结束。首先团队还要开发出一款国际版。而且他们一下子有了真实的客户,客户提供产品反馈,也需要产品支持。团队还需要市场营销和公关人员,塔米重新雇用了卡洛琳·洛奇(Caroline Rocky),网代团队很多原来的成员都是卡洛琳招聘的。塔米希望她汇总客户反应的数据。塔米和她的团队开始考虑软件的下一个版本,代号是"蚊子"(蚊子的发音与微软即时通信工具 MSN 蝴蝶相近)。

为了帮助设置好"蚊子",乔纳森·斯波萨托(Jonathan Sposato)也加入了团队的管理工作。他的加入扩展了软件的功能。萨米尔负责游戏专栏,让玩家一起玩游戏;乔负责图片共享网站 Flicks,可以让客户分享视频片段,他还负责 Bubbles"泡泡",让一群朋友(朋友"圈")互相发送诗歌或者音乐片段。海泽尔是团队最底层的项目经理,他什么都参与。

然后要做的任务是将团队融入微软即时通讯产品团队的体系。任务的核心是把想法传递给后方的微软中心。

网代团队的开发非常成功。成员做成了想要的产品,测试版成功上市;在公司里搜罗了需要的专家经验与知识;获得公司高层的支持与后续的研发资金;配合微软的其他部门设计或者测试软件。而在内部,团队聚集了需要的人才,和客户很好地配合。从分布式领导的角度来看,他们组织起公司内外几十个人为新客户提供新产品。

外向型因素与开发

开发行为的成功实施还要归功于三个外向型因素:广泛的关系网、

第六章

可扩展的关系网和成员交换。除了维持勘探阶段使用的这些关系外,网代团队还建立了更多新的关系。约翰·维特利用自己在微软的关系和经验加快了团队第一个测试版产品的出货。当出现问题和分歧的时候,约翰知道如何能找到答案,保障项目的顺利进行。乔纳森·斯波萨托加入团队,在"蚊子"项目上起同样的作用。其他网代团队的成员也利用他们同学和校友的关系更快获得大学生对产品功能的反馈意见。塔米和米罗娜综合他们的关系网,从其中找到适合与其他团体配合完成的大项目的人才。

在勘探阶段,核心成员只有塔米和米罗娜,而在开发阶段,核心成员有所增加。C.J.凯特、埃丽卡和尤金加入核心成员,他们将团队的想法融入网代产品中去,理顺产品的各项功能(如音乐和传情动漫等)。这些人在做好自己分内单独任务的同时,也投入协调各部门完成整体计划安排。约翰·维特也成为核心成员,他还给核心团队带来了更多成员。而后乔纳森·斯波萨托、萨米尔、乔和海泽尔也成为核心成员。

开发阶段需要更多的人参与测试版以及更新版本的功能开发和代码编写,因此引进更多的操作层面成员。操作层面成员与外围关系成员密切配合。外围关系成员中有些是端对端技术的专家;还有些是对等网络团队的成员,他们负责产品端对端技术应用的基础设计工作;还有些是负责测试版上市前测试的测试人员。测试版上市后,一些市场营销和公关的外围关系成员加入团队,保证"三度"的上市顺利完成。一些客户曾经与操作层面成员热烈地讨论他们对产品的要求和意见,在一定意义上他们也可以说是团队的外围关系成员。

就这样,三关系网结构帮助团队组织各项活动,帮助成员了解他们的职责。操作层面成员只需关注分配给他们的工作,核心成员还要协助团队组织以及整体决策。外围关系成员原来的组织关系不变,只是在需要的时候被邀请参与团队的工作。这些关系帮助团队有序扩张,让加入的成员认识到自己的角色，快速融入团队任务中去。这些关系帮助团队组织公司内外分散的人群进行分工合作。

成员交换也是勘探阶段向开发阶段过渡的一个特征。也许最大的变化是一些操作层面成员变成了核心成员，参与团队组织和任务分工。随后约翰·维特和乔纳森·斯波萨托也成为核心成员。操作层面成员也发生了变化。有些成员喜欢勘探阶段的热情、头脑风暴法讨论、创造性和扁平化结构，随着项目进入开发阶段，各种规范约束增加，任务被分解，计划执行要求严格，相互配合要求提高，有些成员感觉不满，离开了团队。另外一些成员因为个人原因（例如与洛杉矶的女朋友交往等）而离职，也有的是因为对自己的前程另有想法而离职。但是更多的人留下来参与产品研发上市的各项工作。一些老人留下了，一些新人又加入了，而且微软其他部门的一些外围关系成员加入成为操作层面成员，他们带来了新技巧和经验。在这个阶段，甚至塔米和米罗娜也改变了他们的角色，从操作性工作中抽离出来，更多地关注于保证公司其他部门提供的支持与资源供应。

融入微软：推出

在勘探与开发阶段，网代团队一直独立于微软以外，毕竟团队在西雅图，远离总部所在的雷德蒙。但是到了推出阶段，团队的产品就要与微软聊天工具 Messager 融合起来，而团队则要融入雷德蒙更大团队的工作中去。在对客户的了解加深以后，网代团队开始构思一个大项目。与各种势力争斗，努力获得资源，团队终于开发出他们设想的软件。然后他们独立的任务结束了，剩下的是要考虑如何调整工作，融入微软的其他部分。微软聊天工具 Messenger 方面的人看到了网代团队工作的商业价值。在与我们一次会面的时候塔米评价说："我们就像被身体排斥的一个器官。让它融入身体的唯一办法是在器官主人放弃影响，完全

第六章

由身体控制后,身体才接受它。"所以塔米和她的团队让微软聊天工具 Messenger 方面的人接管产品,把自己的心血交给别人,这让他们很难受。

团队在推出阶段融入微软聊天工具 Messenger 集体后,团队出现很多变化,其中最为显著的是团队分裂了。塔米和一些成员实际上离开了集体,另外组建了客户设计中心,将客户的想法体现在更多的产品上。比尔·盖茨对整体情况都有所了解,如今很赏识塔米和她的网代团队,认为他们的工作对微软很重要。网代团队是一个典型的案例,说明微软应该花费时间去深入了解用户的体会,按客户要求的功能作出各种模板,并收集相应的反馈。

其他成员加入微软聊天工具 Messenger 集体后,把"蚊子"的功能融入 Messenger 中去。乔纳森·斯波萨托在网代与 Messenger 的融合中扮演领导的角色。他的领导面临的第一个挑战就是引导网代团队"降低敌意,因为大家都是自己人。"如今 Messenger 对网代团队提供资金支持,而"三度"也要放置在 Messenger 的平台上。网代团队的成员在混乱中工作而没有秩序,随着文化环境的改变,这种状况需加纠正。

开发阶段工作的目标是将"三度"的功能加入下一个版本的微软聊天工具 Messenger 中去。网代团队的成员在参加 Messenger 集体关于平台变动的会议时需要留意,其中反映的信息将会影响他们的设计。不过网代团队关于如何支持朋友间相互交流通信的新想法同样也改变了 Messenger。

这个转变过程是艰难的。一些网代团队成员认为人们应该首先聚集起来,然后再选择行动方向,而成员的这种思路并没有被 Messenger 人员所接纳。Messenger 的人认为客户并不是真的想要这种"错误"的产品。乔纳森不得不想办法把这些意见不同的团体整合起来。他在西雅图拥有一间酒吧,在那里与一些 Messenger 的人见面,并解释网代团队是真心实意地想要融合,通过这种方式来维持集体的团结。

网代团队和 Messenger 的成员花了几星期的时间进行会谈。有时候在西雅图,有时候在雷德蒙,这样的会谈可以让每个人都说出他们工作的内容。遇到棘手的问题,双方都参与并给出建议。双方共同努力把产品推向市场。这个时候比尔·盖茨给予了重要的支持。他对这个产品很感兴趣,想把它交给 ISG 来做,ISG 将在这个产品上采用不同于端对端的技术。网代的理念将被融入 ISG 核心后推向市场。

后来 C.J 回忆起这个过程时说:"如果网代团队能成长并开发出一款好产品,那样也许不错。但是虽然未能实现,目前的情况也可能是更好的选择。我们的确给现在的公司带来了巨大的变化,而不是在微软内部另立门户。我们制造了一个病毒,一个好的病毒,然后我们将这个病毒注入了微软。"7 就这样,在推出阶段,团队成功地融入了公司。像"朋友圈"这样一些"三度"的设计被 ISG 的主要研发团队所接受,从而成为 2008 年微软新发布产品的基础元素,销售给超过两亿的用户。很多主管人员并没有意识到这个元素源自于网代的技术。一个成员也注意到这点:"XBOX 在线的许多功能都强调了以玩家为中心的观点,其中很多都是出自于网代的思路。"这是网代的设想影响微软另一个部门的结果。

外向型因素与推出

广泛的关系网、可扩张的关系网和成员交换对团队从开发向推出过渡的成功都起了很好的作用。实际上,外向型团队的适应能力令人吃惊地强大:奠基人与核心领导已经离开了团队,核心任务却还能继续下去。与外界保持密切联系的文化、团队结构与角色的变化、按需要吸收新员工的传统都得以保留下来。

乔纳森继续着团队向外联络的习惯。利用手头的联络资料从其他团体获得所需的技术与经验。乔纳森的关系帮助成员完成融合工作,说

第六章

服公司高层提供支持,在与Messenger的融合中起了很好的作用。乔纳森还和队友一起利用工作和休息时间在Messenger集体中发展新的关系网,打破了两个团体间的隔阂,加速了融合过程。

实际上在塔米和米罗娜离开后,乔纳森填补了空白,成为核心成员的领导。其他核心成员也留了下来帮助产品的研发。这样保证了团队的顺利运行,虽然不免有一些任务和人员的变动,这种变化与稳定的混合也存在于操作层面成员中。一些成员跟随塔米和米罗娜一起离开,另外一些留下来加入融合的工作。一些Messenger的人员也加入网代团队帮助整合"三度"与Messenger平台,后来ISG的人员也加入进来,将产品融入ISG的技术。外围关系成员也是同样的局面,Messenger和ISG的很多人员都加入进来,成为网代团队的外围关系成员,甚至是操作层面成员。值得注意的是,网代团队的成员也分散到其他团体中成为外围关系成员、操作层面成员和核心成员,将网代团队的理念传播开去。

成员交换的作用也很明显:当团队需要新的外部关系和技巧时,成员发生变动。乔纳森·斯波萨托加入领导核心成员,Messenger的人员由外围关系成员变成操作层面成员,甚至有一位成为核心成员。当团队融入ISG的时候也是这样的情况。

网代团队的成绩能不能称得上是成功?我们访问了很多人,以10分为满分的话,他们给出的分数都是8分或者9分。为什么不是10分?首先,产品上市比想象的要晚;其次,融入Messenger集体就意味着部分网代理念和功能要被舍弃;再者,成员在灵活创新的同时,与公司其他部分相对孤立,导致整合与交货的延迟。实际上一些网代的理念和功能直到现在才找到市场的突破口。成员的想法有时候领先于技术的发展。但是换个角度来看,在一个企业进行变革需要时间和不断的灵活变通。

从积极的角度来说,网代团队成功地将客户主导软件设计的新模式引入微软。这也给了微软将这种理念在线推行提供了一个较高的起点。

大部分网代队员认为自己获得了很好的经验。团队虽然热烈而疯狂,但是确实作出了新创造,学习了新知识。他们的意见被公司高层接纳,改变了公司对谁才是领先技术应用者的看法。公司吸收了他们的知识,产品融合了他们的理念。而且他们为微软培训了一批有创新意识的经理人。

外向型因素推动了团队的成功,成为自我完善的系统。为了执行大量的外向型活动,成员不得不把他们以往积累的各种关系拿出来。为了配合新的信息与协作的需要,外向型团队运用成员交换和多种关系网。执行外向型行为需要高度的协作,为此外向型团队需要一个核心来管理团队,需要交换成员来吸收任务所需的人才。单独的外向型因素对工作没有什么作用,各个因素需要互相配合。广泛的关系网帮助团队确定核心、操作层面和外围关系层面需要的人才;成员交换帮助团队与不同的关系网接触,及时提供团队需要的各种关系。尽管新成立或者小的团队不一定具备全部的外向型因素,但是成熟的外向型团队通常具备三个外向型因素。一个外向型团队就是一个创新与执行的发动机,稳定运转,根据需要进行变动。外向型团队整合才智与资源,因时而动,实施甚至改变企业的核心目标,这个过程也是分布式领导表现的舞台。

做到这些并不容易。像网代这样的团队前面的道路艰险漫长,而给个人、团队以及企业带来的利益也是巨大的。值得庆幸的是,在下一章我们将看到外向型团队理念的兑现,通过一系列扎实的步骤形成理论,这意味着任务的完成变得比较容易。

第三部分 如何建立有效的外向型团队

X-TEAMS

第七章　外向型团队的工具
——从理论到实践

如果你是一位经理,负责组建团队。这个团队可能是产品研发团队、研究团队、销售团队、生产团队、问题解决团队、任务团队,或者是高级管理团队。你需要什么样的工具用来组建高效率的团队?如何快速启动团队的工作,开展项目成功所需的外向型活动和尽力执行等手段。团队在勘探、开发与推出阶段需要哪些帮助?简而言之,如何激发团队的能力,在工作中运用分布式领导,收集公司内外各方面不同的资源,实现公司的核心任务与战略?

你应该按四个核心步骤构建团队:

1. 选择成员和布置工作环境;
2. 开始勘探;
3. 进行开发;
4. 推出。

每个步骤都要求一定的核心任务。本章将简要总结需要做哪些事情才能顺利完成每个步骤。当然团队没有时间也没有必要所有的事情都做,而是有一定的优先顺序。我们在第一章提到的两个咨询团队,西北团队和东南团队因为他们在早期各自选择的方向不同而导致结果一

第七章

成一败,对工作中遇到的竞争与环境变化的适应能力也各不相同。布置好工作环境后,成员们要准备好迎接勘探、开发和推出阶段的工作。每个阶段都有相应的核心任务,需要相应的搜寻、交际、任务协调和尽力执行行为。在布置好工作环境后以后,简要总结能帮助成员顺利完成阶段间的过渡。

第一步:选择成员和布置工作环境

回到 Pharmaco 的狐狸团队的例子。团队选定的成员能确保项目成功,原因不只是因为他们加入时拥有学识,也是因为他们加入时拥有人际关系网。这些关系网让他们能在面对挑战时游刃有余,而当压力过大时,获得外来的援手。

一个外向型团队的成功也许在成员见面以前就已经决定下来了。团队交际、搜寻、任务协调和尽力执行的能力很大程度上取决于它的组成。这个领域通常的要求都是强调技能、知识、品质和个人积极性。[1]这些确实对团队有用。但是外向型团队还有另外一项条件要求:加入者的社会关系。

队长在选择成员时要考虑到的是团队需要什么样的关系?谁能引荐这些关系?这样成员的选择就取决于他们认识的人,不管这些人是有记事本,写满了对团队有用的人的名字,还是有过类似的项目经验。把拥有团队所需关系的成员引进来,这样可以让团队把注意力放到工作中去,而不是花费时间和精力结交那些不认识的人。

成员选择好以后,团队就可以开始运行了。团队的开始阶段至为关键,这个时候压力很大,规范一旦制定,在团队整个存续期间通常不会改变。[2]这个时候成员们努力了解自己在团队中的位置,担心团队是否能成功,压力很大。这种压力又导致成员在没有思考周全前就急切地寻找答案解决问题。从外向型团队的概念上理解,这种压力导致团队倾向于内向型行为。团队在这个时候设置工作环境,制定团队运作规则,这时候的决定会对后续阶段产生影响。

在这种情况下,成员们要利用开始的这段时间相互了解,创建一种心理安全和团队思考的文化氛围,了解其他人所知道的内容。这是引入分布式领导的时机,所有成员甚至包括团队以外人员均有机会承担一定领导职能。这也是将团队的注意力转向外界,减缓成员压力的时机,成员压力过大将降低他们的工作效率。

选择成员和布置工作环境的关键任务

1. 通过以下方式选择合适成员
   - 建立能带来业绩、技能、经验等帮助团队成功的候选成员名单
   - 建立在团队存续期间需要联络的重要人物名单
   - 从名单中找出与关键人物有强的或是弱的关系的候选人
   - 选择那些业绩、技能与外部关系综合较优的候选人
2. 通过以下方式创建让团队成功的文化氛围
   - 了解成员
   - 协调工作环境设置,以保证团队的稳定
   - 让成员介绍他们自己和他们的背景
   - 让成员介绍他们自己的优缺点以及他们能给团队带来些什么,包括他们的人物经验以及个人喜好(如"我不喜欢与电脑打交道"或者"我喜欢做事清楚有条理"等)
   - 讨论成员以前团队经历的得失,加入团队后要做些什么和避免什么
   - 将可能对团队有用的个人关系列出清单

第七章

- 找出关系人的作息时间与工作习惯,把握接洽时机
3. 通过以下方式建立心理安全和团队反思
    - 确立明确规则,鼓励直言
    - 鼓励互相帮助
    - 不以抗拒心理对待争议,而寻求解决方案
    - 把各自的忧虑和新想法拿出来讨论,形成敢于冒险的风气
    - 让成员习惯在每次会议上反思团队行为对错,并发表感想
4. 通过以下方式了解其他人所知道的内容
    - 汇总整理团队内的经验知识,包括成员的知识领域、关系网和工作喜好(如做电子图表演示等),以及过去的重要工作经历
    - 找出成员喜好的其他人物情况,鼓励探索
    - 鼓励通过提问、报告等方式的团队内部知识共享,并发展为长期行为

不是每个成员都愿意把所有的想法说出来。文化差异同样也会影响成员的感受,团队应该努力了解这些差异,消除障碍。我们曾在第四章提到项目经理格哈德·凯恩克的困境——如何保证成员分享那些对企业有用的重要消息。边吃边谈,做些放松运动,说点笑话,这些行为能减轻压力,缓解紧张情绪。团队应适时展开勘探行为,让成员感受到团队在不断进步。

第二步:开始勘探

外向型团队工作的第一个阶段是勘探。在这个阶段成员探索他们的任务、环境、客户、科技与竞争情况。成员要暂时放下他们原有的观点,用全新的眼光看待世界,审视他们的新环境,了解它,找到隐藏的机

遇与风险。狐狸团队成员就是这样找到找到隐藏的机遇,通过在其他国家的一个分公司发现并开发出突破性的新药。成员们还要收集周围的经验知识,与公司高层沟通,以协调观点与工作方式。Razr团队采用的是其他人放弃了的新技术设想,团队产品与公司高层想法形成一致,产品的成功改变了摩托罗拉的形象。勘探带来发现,带来团队对问题新的理解,决定了团队以后的行动。

从领导的角度而言,这个阶段需要大量的联接和感知行为。就外向型团队的角度而言,这个阶段需要大量的搜寻、交际和尽力执行行为,并初步开始任务协调。贝尔克公司的大银行团队发现,勘探阶段是团队了解环境及问题的好机会。成员认识到,没有完美无缺的公司指示,所有问题都要自己努力去寻找答案,成员要与以前没有交往过的群体建立联系。成员要了解客户的喜好,例如:他们想要的是单独产品还是系统的解决方案,并了解竞争情况。

在这个阶段,团队如果想要工作有效,成员就要收集各种数据和不同的想法,努力容纳不同想法,分析复杂数据,最终了解整个任务的情况,让成员有充分的认识并相互交流与其他成员分享。

感知、关联、搜寻、交际、任务协调都需要团队确定哪些人与团队任务相关。广泛搜索哪些人对任务有用,哪些人不利于团队,这个工作很重要,了解外部人员喜好和需求的同时,也要了解成员的意愿,以及在各种利弊权衡下如何达成目标。勘探阶段的重点是感知和关联,可以分解成为搜寻、交际和尽力执行等关键任务。

团队开始阶段的要点是建立一个计划,把关键任务进行分配(见表7-1)。计划着重于要做什么、谁去做、什么时候完成。工作计划还要考虑谁来负责、谁做辅助,还要包括团队的关键控制点和会议时间。

第七章

表 7-1 外向型团队工作计划

关键任务	持续时间	负责人/辅助人员
1		
2		
3		
4		

下次会议时间：

勘探阶段的关键任务

搜 寻

1. 探查企业内环境

- 调查问题、方案或机遇。了解企业内其他人对团队任务的看法，探查他们的想法、感受与期望。从不同角度审视任务与企业战略、势力划分和文化等方面以获得全面了解。
- 搜索企业内有过类似经验的其他团队，并从中学习。

2. 调查客户、竞争对手和潮流趋势

- 了解客户需求和潮流趋势。与现有客户合作，包括潜在竞争对手、创新发明人以及传统客户。ª检验当前需求以及潜在需求。
- 搜索内外部环境,寻找符合团队需要的新思想、工作技巧和技术。
- 寻找在做类似项目的竞争对手。

3. 了解自我

- 讨论各个成员对团队和任务的看法。找出团队遗漏或者错误的观点,避免对全局的误导。
- 讨论各个成员在该阶段所期待的收获,以及团队是否能满足。

在搜寻阶段,了解哪些人可能拥有团队所需的信息、经验和资源,建立一份清单并及时更新是非常有用的。同样也有必要把该阶段团队所学的进行汇总,方便所有人分享。

交 际

1. 了解战略目标,获取认同

- 与公司高层沟通,了解关键性战略意图。然后通过复议或者改变公司战略意图的方式将团队目标与这些战略意图挂钩。
- 获得公司高层对团队战略方向与计划的认可。与公司高层进行交流,了解他们的需求,获得他们的建议。争取他们的支持并了解如何获得并维持这样的支持。

2. 推销团队思维

- 让其他人明白团队的想法很重要,应该支持与加强这种推销手段。争取在高层经理中形成一张支持的网络。
- 推销团队成员的想法。做成员所感兴趣的事情,哪怕有些许阻碍。

第七章

3. 扶持盟友,限制敌人

- 找出团队行为的支持者,努力培养和实现这种支持。向支持者寻求资源、信息、关系及其他和项目相关的帮助。
- 找出敌视团队的势力,想办法战胜对手。如果不能战胜的话,也要想办法将损失降低到最小。在这个过程中寻求盟友的帮助。

在勘探阶段的最后,团队应该了解公司高层哪些人是支持团队的,团队与高层应该有后续配合计划。在后续的会议中,成员提供报告,获得反馈,寻求更多支援。这些会议不光要讨论团队的工作,还要探究团队如何应对各种势力挑战。

任务协调

1. 确认依赖

- 确认公司内外对团队任务有用的个人和团体,并与其商量团队的工作。
- 确认团队任务完成后接手的个人或团体。了解他们的想法以保证交接平稳进行(避免某些团队设计的因素造成生产的难题)。
- 确认可能加入团队工作的外部人员,例如:机械设计团队可能邀请财务部门人员参与合同谈判,邀请生产部门人员参与部件设计等。
- 制订计划,安排与其他团体配合工作。

2. 从其他团体获得反馈

- 向配合团队工作的其他团体了解他们对团队计划的反应和建议。
- 与配合团队工作的其他团体讨论如何做好工作配合。建立创新的文化,让每个合作伙伴都能对配合问题畅所欲言。

3. 协商、游说、说服

- 努力协商、游说、说服其他团体提供可能的帮助。这些团队可能没有兴趣或者有不同目的,想办法改变他们。
- 对帮助团队达到目标的团体予以回报。如果一个团体为团队设计了一个软件组件或者提供一个新设计的建议,作为回报,我们可以给它的成员送一份比萨饼或者答应将来帮他们的忙。

在勘探阶段的最后,有效的外向型团队应该能够确认任务和那些外来的帮助。团队获得反馈,努力获得其他团队的配合,并找到激励和回报外来帮助的办法。

尽力执行

如本章开始时所述,在勘探阶段为尽力执行而积极努力的时候,成员们不能忘记他们的职责是尽快建立心理安全和团队反思的文化氛围。他们不断更新有关知识和关系的信息。没有这种支持、学习和相互了解的文化氛围,尽力执行很难得以实现。以这些为基础才能建立信任,没有信任,团队将举步维艰。基础打好后,团队才能集中精力进行尽力执行。

1. 设置规范

规范就是对可接受行为的期望。规范可以是写明的或者默认的规则,用以约束成员的行为。勘探阶段设置的所有规范均基于团队理想化运行的考虑,只适用于勘探阶段,随着时间的推移,成员要考虑进行调整。不过团队在开始时总还是需要有规范的。

第七章

- 首先建立一些团队运行的基本规范,包括用于团队行为的时间、可接受的质量、会议的次数、任务的分配和决策的过程等。规范必须遵循团队建立时的约定,维护心理安全和反思。
- 建立一个定期综合性会议的规范,收集信息以及总结成员已完成的工作。这样的会议能帮助成员汇总整理和分析已收集的信息,计划下一步行动。在成员与公司其他员工、客户、供应商会面或者在任务遇到新状况的时候,信息汇总尤为重要。
- 设置一个参与性决策的规范,例如参考不同成员的观点。不是每个成员的观点都会被放入最终的决策,但透明的规范让所有成员都理解决策的理由和过程,因此在决策制定以后能更好的执行。
- 建立启发模式,启发模式是有关团队关键操作准则的一些规范。不管是"金钱可以损失,顾客就是上帝",还是"快速决策,不忘安全",各种启发模式都能帮助成员在相似的选项中作出选择。

2. 使用尽力执行的工具

- 建立共享分时,共享分时确定关键的控制点和截止日期,留出反思与重要决策的时间。共享分时让成员能按自己的计划安排工作,而在关键时候互相配合完成团队任务。
- 设置信息管理系统,让团队能够准确掌握收集的信息、已做的决策和任务的进程。系统也许是简单的博客,也许会相当复杂。不管是什么样的技术,首要的要求是简单,不然成员工作较忙,会不愿意使用。

3. 角色分配

角色是指特定成员执行特定行为。在团队起始所设置的角色同样要随着任务变化或者不能满足任务需要的时候进行改变。

- 角色分配让团队任务得以实施。角色分配包括会议安排人（可能轮换）、实施人（保证成员参加以及团队正常运行不受影响）以及项目经理（保证成员按计划工作），还有相关人员配合外部团体（如：签约商、公司高层和重要客户等）的一些工作，使团队工作变得顺畅。
- 重要外向型团队角色分配。确定谁将成为传承团队历史与精神的核心成员，对各种关系网进行管理，让团队集中精力应对核心任务。确定谁将成为执行产品销售、软件研发、油田勘探或者药品测试这样具体任务的操作层面的成员。最后是外围关系成员，短期参与团队部分工作。每个人在一定时间可以身兼多个角色，而且角色可以轮换。

a. E. von Hippel, The Sources of Innovation (Oxford：Oxford University Press, 1998).

勘探阶段的最后，团队应该已经为尽力执行做好准备。成员互相信任，配合良好，友善对话，以解决分歧。他们更深入探索现有的环境，学习如何开拓新的机会。

第三步：进行开发

当成员从可能的机会中选定了自己的方向并开始实施的时候，他们就进入了开发阶段，这是外向型团队工作的第二个阶段。这时候成员将理论转化为实际，从讨论各种可能转向实际行动，团队将其工作重点投入实施与执行。例如网代团队这时候就将工作重点集中于生产软件样品让客户实际试用。在这个时候已经从理论讨论转向可以投入市场的

第七章

样品生产。

从领导的角度来看,这个时期有大量的描述与创造行为。首先,成员需要描述他们想要制造的产品,他们回顾勘探阶段得来的数据、想法和可能的选择,判断怎样做才能产生最好的效果。成员要判断他们关注的重点和目标。然后他们要创造必要的架构和流程,让描述的内容成为现实。成员还要向其他人学习,学习他们制造产品或者市场营销方面不同的创新方式。在这个阶段,成员们要尽快做出样品并进行测试,并不断反复改进产品。

从外向型团队的角度来看,这个时期在继续进行搜寻、交际、任务协调和尽力执行等行为,不过行为目标与层次有所改变。之前搜寻是从多个角度审视分析任务,如今则是寻找有过任务经验的人,了解他们的经验以及如何利用这些经验建设团队。交际则不像原来那么重要,原来在勘探阶段交际是用来寻找认可和支持的,而在开发阶段团队只需要维持已有的支持即可。任务协调的重要性则得以提高,成员为了推进产品研发,需要与公司内其他人配合工作,而这些人需要鼓励和监督。因为团队的扩张,成员在团队内外要做的配合越来越多,尽力执行变得更加复杂。正如网代团队经历所表明的那样,成员要增加,他们的角色也要改变。

和勘探阶段一致的是:一个有效率的外向型团队按工作计划运作,规划好重要的工作,分配人员,按日期安排完成任务。在安排好重要控制点和会议日期后,团队在每个控制点的任务结束时更新计划。

开发阶段的关键任务

开发阶段一些任务是从勘探阶段延伸出来的,这里我们着重于搜寻、交际、任务协调和尽力执行中的变化和新元素。

搜 寻

1. 探查企业内部环境

- 有了明确的目标后,就需要了解公司内有影响力的人的态度,获得有关团队设想的改进与实施的建议。
- 寻找公司内做过类似项目的其他团队,学习他们的经验:他们采用什么样的解决方案?结果如何?有谁和他们一起合作?合作的效果好吗?造成那样效果的原因是什么?我们的团队要如何利用这些经验?

2. 监控客户、竞争对手并跟踪潮流趋势

- 产品和方案创建后就要接受客户测试。客户喜好什么?不喜欢什么?他们要怎样修改?团队通过对用户的访谈、观察和测试改进产品,保证市场的成功。
- 搜索环境,找出新的组织架构和操作模式,根据需要吸收经验,改善团队的工作。
- 监控行业内外的竞争对手。汽车行业也许对标准化和平台理解更多,而产品设计公司则更擅长于创新。如果要想公司在这些方面得到提高,团队就应该把目光放远,观察本行业以外的领域。

3. 了解自我

- 根据团队确定的新方向,讨论成员各自的任务。如果成员安排的任务与团队的目标无关,讨论的内容将是如何协调两者关系。
- 讨论成员是否认同团队的解决方案,如果不认同,则要考虑继续团队创建工作。

交 际

交际仍然延续了勘探阶段的行为,不过活跃程度较低。

1. 了解战略目标,获得认可

- 成员继续争取公司高层的支持,表达团队的意愿,扶持盟友,限制敌人。与上个阶段的主要差别在于,团队不再着重于寻找新的支持,而是维护已有的支持,除非任务或者资助者的关系发生改变导致需要寻求新的支持。
- 团队仍然要继续汇报工作进程,并检查团队的产品是否与战略目标保持一致。
- 对于公司高层对团队工作的建议,成员要尊重。

2. 推销团队思维

- 成员继续争取公司高层对团队利益的支持,定期会面讨论团队的需求,以及管理层扮演的角色,以保证在团队整个存续期间的资源充足,且得到充分支持。

3. 扶持盟友,限制敌人

- 随着团队工作的进展,竞争对手和敌人的反应更加激烈,他们极力想阻挡团队的前进。成员不得不寻求盟友和公司高层中支持者的帮助,以应对这样的挑战。
- 团队要坚持不懈地扶持盟友,否则有可能失去辛苦得来的成果。

任务协调

在开发阶段,任务协调通常变得更加重要。为了做出新的产品,或者开发服务项目,团队要与公司内外其他团体配合工作。例如大银行团队的销售行为就需要产品设计的技术人员和安装人员配合,以保证产品交给客户后正常运行。网代团队就需要微软其他有关人员配合设计音乐、视频这样的软件部件。他们还需要把团队产品、工作安排与其他团体配合一致。除此以外,团队还要与诸如参与样品测试的公司外部团体合作配合,任务协调要花费大量的时间和精力。

在这个阶段,任务协调的要点有所变化。

1. 确定与建立所依赖的计划

- 开发阶段的主要变化是计划的类型与上个阶段不同。在这个阶段,团队要与那些确实帮助团队实现愿望的团体进行合作,合作的方式也将确定,共享分时、综合性会议、确定联络人,以及制订共同工作计划,这些皆有可能。
- 其他团体可在团队需要信息、经验或者遇到超出团队能力范围的任务时加入,并提供必要的帮助。
- 当团队与其他团体的合作变得密切时,成员要有通用的计划,相互配合与信任,并小心维护这种信任关系。
- 团队要建立创新合作的文化氛围,以催生新的工作配合模式,并减少摩擦。

2. 获得反馈

- 与其他团体有了积极的工作配合关系后,团队要定期检查,维护并改善这种关系。

第七章

3. 协商、游说、说服

- 鼓励其他团队在参与团队工作时体现出他们的创造性。
- 在这个阶段其他团体要承担更多的责任,所以团队成员要花更多时间配合他们工作,还要联系高级管理人员来协调两者的配合。与其他团队保持强的关系,双方密切联系有利于合作的顺利进行。

开发阶段的目的是实现团队的设想,而公司内其他团体的加入让这个设想更好地完成(如果技术设计和安装能够加快,交货及时会让团队以及公司在市场竞争中处于有利地位)。任务协调帮助这些团队参与进来。

尽力执行

在开发阶段,尽力执行要求团队初创时制定的规范进一步加强,以创建心理安全与团队反思。这个阶段团队检查确定这种文化氛围是否建立,是否需要作一些改变以支持核心价值与团队工作。实际上,当团队走出以描述和创造为代表的感性阶段,成员就需要重新考虑他们的规范、工具,以及所扮演的角色。团队的建立必须能适应不同的任务,老的操作模式不能适应新的工作方式。团队也要增加一些更适合执行而不是讨论的成员,他们更熟悉控制点、报表和计划,而不是思考可能的方案。这意味着团队的工作重心又回到了内部。[a]

1. 设置规范

- 团队要设置如何运行的规范,原先关于团队会议次数、工作分配和决策方式的规范都可能需要修改。当最终产品已经定型,只需考虑如何尽快拿出规范,并获得反馈,团队将集中精力完成产品。每个人的工作都得以确定，会议也是根据主要控制点来安排。
- 综合性会议仍有存在的必要，不过与产品设计有关的其他团体也要参与会议，会议的主题不外乎是进程报告、问题讨论和工作进展。会议的内容不光是各个小组的工作安排，还包括相互间的配合问题。会议要安排不同组合的核心、操作层面和外围关系成员参加。在团队作出主要控制点或者截止日期这样特定决策的时候，会议也许需要延长。
- 成员也许还需要建立新的启发模式以应对他们的新任务。如何在速度与质量间取得平衡？如何分配团队与其他团体各自要做的工作？如何保持对客户、市场营销人员、公司高层以及洽谈者等重要人物的需求的供给平衡，这些都是启发模式要确定的。

2. 使用尽力执行的工具

- 共享分时和信息管理系统都是尽力执行的工具，它们都需要重新设置后才能方便使用。它们会变得更复杂，也会有更多的人来使用这些工具。新车型设计、海底石油勘探新技术研发，这些都需要很多人和团体的参与，在这样的情况下，这些工具很可能成为核心竞争优势。
- 在其他类型的团队中，这些工具就比较简单。例如一个软件编写团队在开发阶段需要经常召开会议，使用工具汇总各种设想。然而当设计一旦确定，程序就分成容易组合的不同代码组。这样的情况下，协调工具的重要性有所降低。

3. 角色分配

● 角色分配同样需要改变。很多时候擅长创新和开发的人并不擅长操作执行，于是团队会议主持人和项目经理也许要更换。不同的人成为核心成员，改变角色。随着新的外围关系成员加入，核心成员对团队任务的管理与协调责任也因此加重。

a. 见 C. J. G. Gersick, "Time and Transition in Work Teams," *Academy of Management Journal* 31（1988）：9－41；J. R. Hackman and R. Wageman, "A Theory of Team Coaching," *Academy of Management Review* 30（2005）：269－287。

简而言之，开发阶段很多任务与勘探阶段相似，但是其本质、范围、目的发生了变化，团队的决策从做什么转向如何做好。在开发阶段的最后，团队需要做出产品，不论是有形产品、解决方案，还是开发出创意思路。下一步就是将产品融入公司体系或者推出市场。

第四步：推出

从开发过渡到推出阶段意味着重新转向团队外部，将项目推向公司其他部门。例如网代团队的重心由西雅图转到雷德蒙，产品也将融入微软的 Messenger。而美林证券团队的重心投入到对包括对道·金在内公司高层的游说，把团队的想法在公司内推行，帮助分散式证券平台的经理更快地熟悉业务。推出阶段的目标在于，将团队的激情与才智传递给接手任务的人。推出阶段也是团队反思自己的工作和学习并传递给别人的机会。在这个阶段，团队要制订工作计划，包括主要任务、任务分配和截止日期等。总的来说，重点在团队外部：如何制造一件公司满意而不只是团队得意的产品。

推出阶段的关键任务

搜 寻

1. 探查企业内环境

- 找出接手团队工作的关键人物。找出能劝说他们接手团队工作的理由和办法。
- 找出公司内做类似工作并成功移交的团队。他们怎么做的？本团队能从他们的经验里学到什么？

2. 调查客户、竞争对手和潮流趋势

- 了解客户、竞争对手和潮流趋势对团队产品的反馈，并据此改进。

3. 了解自我

- 讨论哪些成员在项目完成后还想继续本项团队工作。想办法达成他们的愿望。
- 讨论成员对移交任务是否有所不满。想办法解决这些问题，让团队以好的心态迎接以后新的任务。

在推出阶段，搜寻行为的关键在于确定谁是关键人物，谁来做移交的决定，以及团队如何影响这些人。另外一项核心任务是了解其他团队是如何移交的，他们有些什么成功的经验。

第七章

交 际

如果团队的交际行为一直都很活跃，最终的上市或者移交将会很容易。如果与公司高层的沟通良好，获得了认可，那么最后的移交不过是个仪式化的过场。团队要争取公司高层的支持，让接手的团体认识到该任务受到公司的重视。如果接手的团队属于公司内不同部门，与本团队差别很大的话，可能还要寻求新的支持。

1. 了解战略目标，获取认同

- 为了最后的演示或汇报，或者产品所有权的交接，团队需要得到高层的支持。有盟友或者其他支持的表态最好，没有的话其他形式的支持（如点评、录像演示或者其他实际例证等）也是可以的。
- 了解公司高层的意图很重要，采用他们喜好的表达方式和形式，获得那些拥有相关资源和权力的人的认可，这样能保障交接顺利进行。

2. 推销团队思维

- 成员应致力于推销团队的想法和观念，说服公司高层，让他们认识到将团队的工作纳入公司体系的重要性。

3. 扶持盟友，限制敌人

- 随着团队产品纳入公司体系，团队要面对新出现的盟友和敌人。团队要提前把这些人找出来，并与其他人一起对付敌人，扶持新盟友。网代团队将其产品融入微软 Messenger 体系的时候就曾面对过此局面。

任务协调

1. 确认依赖、协商、游说、说服

- 推出阶段的任务协调对那些接手的公司非常重要。没有人愿意接手强加给他们的东西，所以团队的主要任务是让其他团队明白为什么团队对产品有信心，以及产品采用的设计缘由，还有团队选择接手团队的理由。
- 成员对移交提供的支持包括移交信息、知识或者简单的背景资料文件。
- 对产品的功能和重要性进行充满激情的阐述是传递这种激情的最好办法。没有激情，移交有可能无法实现。

尽力执行

推出阶段的尽力执行主要是协调销售模式的变化。

1. 设置规范

- 首先建立一些团队运行的基本规范，不过就像勘探到开发阶段的过渡，向推出阶段的过渡同样要设置团队会议的次数、任务的分配和决策的过程等，而且这些设置需要根据任务改变。
- 综合性会议仍然有存在的必要，不过目的变换成为产品提供最佳的营销和推出机会。内容包括组织产品的展示或者功能演示。

2. 使用尽力执行的工具

- 尽力执行的工具包括共享分时和信息管理系统等，需要重新设置以激发其他团队的热情。

第七章

- 其他还可以添加一些像有趣的电子文件演示或者通俗易懂的报告这样的工具。图片、股市、数据、点评以及视频片段这样的小手段都能有助于团队产品的推出。

3. 角色分配

- 要找到推出活动出色的人才就需要新的技巧和新的角色分配。例如团队也许要雇用一些营销专家或者与最能掌控项目的团队关系密切的新成员。不管是哪种,只要能推动项目的进展、有利于团队完成任务的人才都值得团队考虑。

4. 反思所学的知识

- 对于成员有一件很重要的事情就是记录所学的知识。这种记录也许是在任务外留出时间反思所学的知识,也许是简单地列出一个团队反思的内容清单。
- 团队也许把它的设想写成文字出版,或者直接告诉将接手类似工作的其他团队,不管哪种方式都能达到团队传递所学知识的目的。
- 事后总结是军队里常用的方法,除此以外还有汇报,这些行为的内容都是总结哪些手段有效、哪些无效,还有下一次遇到同样情况时哪些需要修改。

推出阶段结束后,团队的任务也就完成了。然而还有一个重要的工作就是对所有参与人员的工作进行评价,让大家总结经验、庆祝任务的结束,然后投入下一项任务。聚会、玩乐、聚餐、烧烤等各种形式都是很好的庆祝方式。[3]

本章讲述了单个外向型团队的工作模式,清楚地阐明了团队如何度过勘探、开发和推出等阶段。管理人员如何才能创建多个外向型团队？管理人员如何通过单个外向型任务将多个外向型团队当做一个整体加入公司的运作？下一章将探讨如何创建及维护这种分布式领导和创新的架构。

第八章　构建创新的结构
——外向型团队计划

前面我们已经讲述了如何创建一个外向型团队,并且列出了有利于它成长所需的步骤。但是当你身处高位,例如首席执行官、大部门主管、人力资源经理或者研发主管等,要做的不是仅仅创建一个外向型团队。如果想要在一个创新的架构上创建多个外向型团队,就要持续稳定地创造不同创意的产品,不断改变公司的运作形式,公司就需要一个外向型团队计划。这种计划在美林证券和英国石油公司得以实施。

英国石油公司的外向型团队计划

2004年9月,英国石油公司的七个外向型团队(公司内部称为小学期)花费了半天时间向公司员工、领导以及麻省理工学院的教职员工展示了他们上一年的工作成果。观众的热情被一个接着一个的演示激发了起来,因为"小学期"的工作实在是太出色了。他们发明的新工作方式和架构可以改善英国石油公司的项目管理。英国石油公司与麻省理工学院合办了一个项目培训班,第二批学员包括"小学期"的主要项目经理,总共30个干部。培训的主要赞助人是公司负责开发和生产的集团副总裁埃利斯·阿姆斯特朗(Ellis Armstrong)和公司负责技术的集团

第八章

副总裁托尼·马杰斯(Tony Meggs)。培训课程持续一年,其中高级项目经理花六个星期时间在麻省理工学院学习,而在学期间进行小学期项目工作,以此提高他们的领导、技术、商务方面的能力。

这些外向型团队的成员都是高级项目经理,为英国石油公司管理着在全球分布的几百万美元的油气项目。他们分别来自阿塞拜疆、阿布扎比、阿尔及利亚、荷兰、印度尼西亚、俄罗斯、特立尼达、美国、英国和越南,聚集在马萨诸塞州的剑桥。一年前,当他们抵达剑桥上第一课的时候,相互还不熟悉,但是经过两个星期的接触,他们已经形成紧密的集体。他们的任务是检查英国石油公司主要项目运行的某个方面,并提出改良建议。这项任务需要由这些项目经理在返回自己岗位前组织外向型团队完成。

经过一年的学习和锻炼,这些高级项目经理都能熟练运用电子文档,或者动画演示他们的成果。他们为英国石油公司在全球分布的数百万美元的大项目设计了很多新的管理办法。一些团队提供创新的管理系统和流程、新的客户沟通方式、新的重要项目评估和挑选办法以及人员招募建议。另外的团队则提出设立联合的组织、构建项目、技术升值以及通过标准化节约成本和时间的新方式。这些提议能为公司节省上百万美元的资金。其中一些已经得到具体实施,并产生了效果,管理思想已经被很多经理接受。

例如一位成员对如何通过改变企业架构来优化运输、改善绩效感兴趣。通过搜寻,成员们发现有一个现成的项目可以用来检验他们的想法。他们用一项新技术分析任务中信息的流向,发现项目管理所需的信息沟通有45%并不是发生在构建项目核心架构的主要功能团队之间。他们同样分析了另外的设计方案,发现可以通过一个多功能团队执行沟通,提高效率。他们还分析了替代的项目路径与关键决策点。团队通过与项目经理的沟通实现了自己的一些设想,提高了效率,减少了返工。

团队建议对其他项目作同样的分析,这样产生的效益可以成倍增加。

这种外向型团队计划要求每年组织一到两次由 30 名成员参加的干部培训班,这个计划给公司带来的效益远不止这几个项目。不同地区员工的报告之间联系加强,对公司和团队的运作有更深入的了解,有更多的知识和经验来应对重大改革。这些员工声称他们的工作方式发生了改变,在着手解决问题前先对问题深入了解。另外通过这个干部系统(英国石油公司和麻省理工学院目前合办的是第七期干部培训班),公司建立起一套创新的体系,每年涌现出很多新设想,知识每年都越积累越丰富,新的联络网也建立起来。

培训班的毕业生知道如何创建外向型团队、如何在外向型团队里工作,他们的结论使外向型团队可行。合资公司的成员包括阿布扎比的克里斯·考克斯(Chris Cox)、俄罗斯的约翰·奥布莱恩(John O'Brien)、安哥拉的理查德·林奇(Richard Lynch)、中国的杰克·布林利(Jack Brinleg)、英国的保罗·贝利(Paul Bailey),还包括休斯敦的吉姆·布列松(Jim Breson)、波士顿的迈克尔·斯科特-莫顿(Michael Scott-Morton)。他们说:"我们凝视着光芒闪耀的智慧之泉,惊讶地发现自己的团队学会了反思,就像枯树又长了新枝!"[1] 这份团队的日志在开始的时候说明了一些实际问题,这些问题后来在团队的协作努力中得以解决。例如他们在最后的报告中写道:"除了独特的文化和饮食,伦敦的希思罗机场、阿拉伯联合酋长国的阿布扎比、安哥拉的罗安达、阿尔及利亚的英纳梅那斯、中国的上海、俄罗斯的莫斯科、英国伦敦泰晤士河岸的萨德伯里,以及马萨诸塞州的波士顿有什么相同的地方呢?答案是,他们都有我们项目团队虚拟的视频会议点,对于那些短暂的会议来说,这种为了交流所付出的全球性的开支和精力似乎是得不偿失,不过通过有效地利用这些通讯手段,成员间能够建立起信任与尊重,团队承认个人的价值与自我个性,通过运用这个大网联合了内外的才智,我们的外向型团队

第八章

获得了成功。"

英国石油公司员工学习的课程有系统动力、价值链经济、风险分析和复杂系统管理等。他们在麻省理工学院待了六个星期,学习符合各自不同项目管理需求的知识。创建外向型团队需要所有这些知识吗?不是,作者中的一位只花费了两天的课程、一些 DVD 保存的资料和几个小时的远程教育帮助美林证券建立起另外一套外向型团队体系。

美林证券的外向型团队计划

2004 年 3 月,麻省理工学院斯隆管理学院为美林证券开办了一期经理级管理培训计划,在 4 个月后培训出来的学员组建起 10 个外向型团队,团队分别代表了债券、股票、研究和投资管理等美林证券的不同领域,成员分别来自于巴塞罗那、芝加哥、伦敦、纽约和东京。他们聚集在华尔街的一间会议室里,面对一群高级行政人员,包括公司的执行副总裁和全球市场和投融资总经理道·金,以及这些团队的支持者,向他们汇报对新产品的设想。

这些团队按照典型的外向型团队的风格对客户和分析家进行了搜寻,通过交际让公司高层了解他们的设想,同时获得公司高层的支持或者表态,寻求有类似任务经验的团队的帮助,展示了自己的任务协调能力。第五章所述的美林证券团队显示了团队如何通过勘探、开发和推出解答,实现其设想——销售破产边缘公司股票的分散式证券平台。这种新的架构方式不但帮公司赚了钱,还将以前没有合作过的两个部门撮合到了一起。

在美林证券,这样做的结果是创建了新的利率波动指数,以及外汇套利指数,所有的事物都需要外向型团队亲手创立。除了创新产品设计外,外向型团队还在公司内各个部门之间协调工作,促使公司进入新的商业模式。经过培训的毕业生的领导能力获得广泛的认可。参加过麻省理工学院斯隆管理学院和美林证券联合培训计划的人声称,他们对商务的了解更加深刻,对在美林证券文化氛围下如何创新更有把握。课程还没有结束,团队已经创造了300万美元的赢利。

美林证券原来的设想是通过外向型团队方式改造一成不变的项目运作方式。美林证券与麻省理工学院的安德鲁·W. 罗(Andrew W. Lo.)教授合作开办投资课程已经有几个年头了,罗教授关于领先的投资理论与金融风险理念、安排合理的课程和亲切的教学风格让课程备受欢迎,课堂上参与的项目团队也提出了很多新颖的构思。但是有一个问题:这些新颖的构思一直无法实施。而在外向型团队加入课程的2003年,有3个项目投入实施,2005年则增加到了9个,这中间包括了所有的独立项目构思。这些都表明新的思维方式有效,产品创意成功。通过外向型团队把两者结合起来就能无往不胜。

简而言之,外向型团队计划带来了创新产品和流程的潮流风尚,以及一个培养英国石油公司和美林证券下一代领导人的场所。在公布他们绩效改变的奥秘时,成员都不约而同地提到我们曾经说过的特征:关系网和支持者,搜寻和了解,找出公司内其他团队在做什么,提问以了解公司内外不同的想法,以及利用截止日期和控制点协调工作。这些团队的成员经常流动,随时引进必要的专才。关键在于组织好多个团队,给他们确定的目标和流程,安排好切实计划,获得准确反馈,找到高级管理人员作为后援,然后让团队成员放手去干。

但是是什么理由促使公司创建多个外向型团队?其中制胜的因素又是什么呢?

创建外向型团队计划:公司高层的理由和计划

我们发现公司选择外向型团队计划理由通常是遇到了困境,希望外向型团队能够解决问题。在本书前面的章节我们已经讨论过这些困境,

第八章

现在我们把这些困境集中起来分析企业领导创建外向型团队计划的动机。企业习惯性地认为外向型团队只是一种提升业绩的方式，而实际上外向型团队是带来变化与创新的机制；是联系企业各个层级，让他们协调一致的方式；还是实施分布式领导的架构。

上述成绩都是单个外向型团队创造的，而外向型团队计划则让这些变化更加巩固，对企业的文化氛围及工作方式产生更深远的影响。简而言之，外向型团队计划能帮助管理人员解决困扰企业的四个基本困境。

困境 1：在员工的日常工作已经不堪负荷的时候，如何创造和获得竞争优势？

越来越多的企业发现竞争优势的关键在于创新。这是一个激烈竞争的时代，资源紧张、利润微薄，残酷的竞争给企业留下了沉重的创伤。因为很多企业都注重提高产品和服务的质量，质量不再成为竞争优势，要取得效率或者拥有规模优势也变得比以前要困难，这样创新成为成功的唯一途径。英国石油公司和美林证券都发现通常的业务已不能吸引客户的兴趣，不能带来创新的工作方式，也不能更好地整合企业的不同部门。企业需要找到新的工作方式和新的思维模式。

不过创新往往是说起来容易做起来难。当企业管理结构扁平化以后，管理人员的工作量增加了，没有时间策划新产品、新方法，也没有时间反思工作过程中的得失。管理人员需要一种机制能思考和构想新的思路与变化，需要一种在越来越激烈的竞争环境下不断进步的架构，那就是外向型团队。

企业可以建立注重创新的外向型团队计划，以此形成创新的机会、结构和文化氛围。加入外向型团队计划的时候，成员就明确意识到自己要做的是一个创新的工程。团队留出时间让成员相互交流，与客户、专家、管理人员和研究机构沟通；大肆宣传 Razr、网代团队和产品设计公

构建创新的结构——外向型团队计划

司 IDEO 的成功经验,鼓励创新;指导成员在企业及行业内外的沟通,并学习先进经验;与公司高层保持接触,获得他们对创新项目的支持与认可,推动新领域的优秀项目开发。

困境 2:如何将公司高层的意见传达给公司其他部门,促使他们采取行动?

公司高层在表达企业战略方向和他们的意见的时候,这些电子文档演示是很容易理解的,但是要找到能确实执行的人才却很难。同样困难的是,要在全公司范围内深入体会公司高层的意见,以及让公司内以前没有合作过的不同部门配合工作。让公司内各个部门配合,局限性的经验知识与全球性的战略融合也是难点之一。

外向型团队计划通常开始有盛大的仪式,结束有成果的演示,公司高层会出席这些仪式和演示。这是团队表达他们对项目意见的机会。这不是公司高层的一言堂,与会者不需要揣摩公司高层关注的重点,这是对话的开始。与会者与管理人员进一步沟通让双方交流思想,获得反馈,统一双方的目标。通过这种方式,公司高层找到能实现高层目标并将公司理念与实际竞争环境和市场形势结合的团队。有了外向型团队计划,管理人员就能够在面临问题的时候有多项解决方案和多个团队可以从容选择,效果比只有一两个外向型团队时要好。

困境 3:地区直线经理认为客户有某种需求,而公司存在缺陷,但是他无力改变。

通过与地区直线经理的对话我们可以了解到:在公司所有员工中,他们是最能了解客户、市场、当地文化环境和技术潮流的人。他们知道哪些竞争对手比较强势、客户有哪些不满。他们拥有一手的资料却不能应对处理,他们想为客户提供新的解决方案却得不到支持。他们抽不出

第八章

时间承担更多的任务和责任,觉得自己受到公司登记制度的压制,被企业的规章制度捆住手脚。这些都降低了企业内部员工的积极性,如果没有改变的话,负面效应将会扩散。

而外向型团队则成为他们表达意见的工具。在外向型团队的特定时间里,每个参与者都有表现自我的机会,向公司高层传递他们的想法。外向型团队计划的规则是,没有公司更高阶层的支持,团队无法取得进展。所以团队的责任就是推销它的想法,这通常来说不成问题:成员对于自己的想法有足够的激情,他们会抓住每一个机会推销他们的想法,鼓吹他们的信念。他们也经常发现公司高层帮助他们理顺理念,指出成员想法中的漏洞,把他们的想法换成与战略目标更为一致从而更容易获得支持的主意。值得注意的是,公司高层的责任是倾听,所以要保证双向的沟通。公司各个层级的这种交流让客户、市场和技术信息服务于公司的战略方向。

困境4:领导权力集中于公司高层,他们要独立解决问题。但是在解决复杂问题实施新方案、协同行动等方面,公司高层力量不足。

如今困扰整个社会的问题很难解决,至少不是一个企业少数高层能独立解决的。全球温室效应、燃料电池技术、贫困或者战争问题以及如何在复杂多变的政治经济环境下开展业务,这都要求员工打破界限,通力配合。领导独立解决所有问题只能是神话。虽然有一个强势的领导确实能更好地安排人才与资源,但是具体操作还是要激励员工去做。

外向型团队是承载分布式领导的工具。在外向型团队机制下,我们能利用不同的人群来了解我们面临的问题,创造不同的解决方案,运用已有的知识配合其他人,让状况发生改变。微软和贝尔克公司的团队、摩托罗拉公司的 Razr 团队、Pharmaco 的狐狸团队、咨询公司的西北团队以及英国石油公司和美林证券的团队,都向我们展示了一条通过公司各层级配合工作打开新局面的途径。外向型团队计划就是这条途径的起点。

如何创建外向型团队?一个完整的计划包括五个关键因素。

创建外向型团队的五个成功因素

虽然外向型团队计划获得各种好评与期望,但是要真正运行起来还需要五个重要的因素:获得高层的承诺、有稳固的起点、严格的架构、支持和反馈的机制,以及明晰的谢幕。

成功因素1:高层的承诺

我们都清楚:没有公司高层的强力支持,外向型团队计划很难成功。管理层的积极介入不但保证项目在公司内的合法地位,也保证了公司内其他部门对项目的支持;还可以激励员工,保障项目得到及时跟进。简而言之,公司高层决定项目的基调,创建对话与分布式领导的文化氛围。

我们知道一个简单的事实:公司高层对团队合法地位的承认就是对其支持。只需要在发布会上说两句话,全公司就能明白领导对项目的重视,就能方便成员与公司内其他人打交道并获得反馈。一旦公司高层决定支持哪个项目,就需要持续跟进并给予后续的支持与承诺。

英国石油公司和美林证券团队都有公司高层作坚强后盾。英国石油公司的两位集团副总裁托尼·马杰斯(Tony Meggs)和埃利斯·阿姆斯特朗(Ellis Armstrong)往返于伦敦与波士顿之间与参加麻省理工学院项目培训班的七个干部团队沟通。项目总监格雷厄姆·卡特尔(Graham Cattell)参与项目培训,希望能创建项目规则来改变当时英国石油公司的项目管理状况。英国石油公司和麻省理工学院对项目培训班的工作给予了高度重视。而在美林证券,执行副总裁道·金是培训计划的

第八章

主要支持者,他参与了项目总结的每次课程,对很多外向型团队项目作出决策,并要求他的手下对项目进程进行跟踪汇报。

但是要想外向型团队计划成功,光有公司高层的表态和支持是不够的。高级管理人员应当建立一种支持外向型团队的文化氛围,并不断强化:鼓励成员与高级管理人员谈话交流,反映问题和想法;鼓励新思想,倾听不同意见。只有真正的双向交流才能让外向型团队发挥所长,而公司高层要起到模范带头作用。公司高层希望公司其他部门参与却得到消极回应,这样的事情非常常见。管理人员怕权力分散,习惯很难改变。不改变这些旧模式,外向型团队计划很难成功。

建设外向型团队文化包括开放边界、跨越局限、分享信息以及在公司各个层面上挑战教条。公司高层可以提供的支持包括打破界限,鼓励创新、反对保守,在基层建立一种跨越边界、鼓励创新与信息分享的文化。这样的支持不容易做到,也需要很长的时间,在等级森严、官僚主义严重的企业尤为如此。创建工作一个重要的基础是建立一支拥有外向型团队风气的队伍。不管通过怎样的传达方式,都要让公司所有的人都明白外向型团队的定义、团队的构成与潜力以及公司高层的重视程度。

公司高层对外向型团队很重要,但是这还不是全部。同样重要的是外向型团队需要吸纳人才。公司内的员工会观察外向型团队计划所选择的成员,了解他们的工作评价以及项目完毕后他们的去向。如果成为外向型团队成员能带来能力发展与职位提升的可能,这样就能吸引最好的人才为团队服务。直线经理也会团结一致,支持项目。

成功因素 2:稳固的起点

好的开端等于成功了一半,对于创建外向型团队来说尤为如此。开始的时候,成员首先寻找和选择项目,了解外向型团队的定义以及如何着手,花时间熟悉其他成员制订配合工作的计划。特别是成员所在地区分布较散的情况下,早期的这种聚会对项目启动影响很大,而且能让成员在以后的整个过程中保持联系。

一个杂乱堆放着各种表格的房间,就是成员寻找项目并为之工作的地方。在一些公司,高层会给出一个他们中意项目的详细清单。就我们的经验来说,如果公司高层只提供一些关于他们中意项目的大致意向,甚至甩手完全让团队自己来决定,这样成功的机会更大。我们认为应该让团队寻找自己要走的路,鼓励他们创新而不是跟着指示循规蹈矩。公司高层对外向型团队的微观指导违背了外向型团队的初衷,可能会抑制外向型团队的发展。

在一些公司中团队成员是预先确定的,而在另外一些公司团队的组成要同时考虑个人的意愿。一些团队还要优先考虑地区分布以方便成员的聚会。项目选择最重要的因素可能是成员有一致的目标。成员可能是个人在某些领域存在疑惑,也可能只是希望有所改变,总之如果成员从开始就充满热情,项目会更容易成功。

有共同的兴趣是在公司内寻找同伴的基础。英国石油公司的联合团队这样写道:"在我们最早聚会的时候……我们认识到大家对共同的目标充满信心。这种信心来源于每个人都愿意从开始就把我们的联合团队做好。我们都有过因为各种原因导致失败的经历。当我们将公司里各种失败的经历汇总起来,我们发现很多人和我们一样充满激情,希望改变。这给了我们信心,相信外向型团队这样并不庞大复杂的结构与工作方式可以将这种激情转化为商业上的业绩。"

英国石油公司咨询了项目和业务经理后确定项目课题。参与计划的30人都要参与讨论已确定的问题与事项。他们可以自主选择自己的项目,成员和团队也是双向选择。团队接受英国石油公司和麻省理工学院领导的指导。而美林证券团队则是根据专长与地区人员预先安排好团队工作。在这个阶段项目的创意还十分粗略。发布阶段过去后,外向

第八章

　　型团队被要求去做的第一件事情就是检测创意是否可行,深入了解项目,了解以前其他团队如何处理类似项目的经历,以及其他人对项目的看法。成员对项目了解越透彻,项目的变动就越大。

　　当团队已经组建,项目创意也初步确定的时候,团队就要开始向外向型团队转化。首先由公司高层发出指示,接着以文件、录像等方式介绍高效的外向型团队的核心概念,以前的外向型团队的成员介绍他们的作法,或者用案例详细说明外向型团队的行为。然后让成员进一步学习了解。重要的一点是要让参与项目的所有人都能以外向型团队的方式思考与行动,都能了解搜寻、交际、展望、创造、勘探、开发、推出等外向型团队的概念。

　　对于很多公司来说,外向型团队是广泛学习与增长领导见识必不可少的。例如在英国石油公司,成员在外向型团队一年中有六个星期在麻省理工学院就读,他们在外向型团队行为中充分运用课堂所学知识。在美林证券,外向型团队的学习结合了两天在校和18篇电子函授文章的投资理论。学校学习与其他方式结合,成员巩固了知识,增强了信心,吸取新知识,激发创新思维,更积极地投入到项目中去。不过这些并不是外向型团队计划所必需的,最基础的是五个步骤。

　　当成员接收了初步训练以后就要开始着手工作。成员相互熟悉和前期勘探工作准备花的时间越多,成功的机会也就越高。按照上一章节所讲到勘探阶段的步骤设置和关键任务分配,成员被安排到一起聚会,相互认识并制订第一个月的计划。如果在项目启动时候无法安排聚会时间,成员就会很难沟通、建立信任、配合完成勘探任务。这样的聚会还能减少团队开始的忧虑,构建起能让任务更快进展的组织结构。这项工作完成后,成员回到主会议室,向其他参与项目的团队提交他们的计划。在项目期间,所有参与的团队都被鼓励相互沟通、相互帮助。

成功因素3：严格的架构

英国石油公司的联合团队说起"控制点的魔力和秩序的神秘"时有点开玩笑的口吻，但是就是这样似乎是玩笑的内容规划了成员工作的内容和时间，指导他们的行为，有效利用时间和资源。建立一个按启动、勘探、开发和推出循序渐进的指导规范，这需要时间和精力，但是很值得。除了控制点以外，每个步骤还要规定明确的可交付成果和截止日期，这样外向型团队才正式走上轨道。

在项目启动、勘探和最后上市的时候让所有的团队聚集起来召开会议，这样做对项目和团队都有好处。当然，如果团队执行的是不同计划，这样的会议就没有作用。

通常会议允许所谓"临时交叉点"，也就是所有人的工作同时停止，[2]以便对所有项目同时进行评价，需要的话成员可以转队，在停止状态下每个人都可以反馈意见，并作出改变。整个项目框架下的转队可以反映出每个团队的进展情况。

严格的架构首先是在项目的勘探、开发、推出各个阶段的终点设置可交付成果和截止日期。在勘探阶段结束的时候，成员需要从多个角度对项目进行深入了解。通过搜寻、交际和任务协调收集数据，汇总报告他们的重要发现，并作出如何向开发阶段过渡的计划。而在开发阶段，成员就要从数据收集转向问题处理。成员要有明确概念，知道怎样将对公司的影响做到最大，并将这种概念转变成现实。成员同样要运用搜寻、交际和任务协调等手段来创造有新意的产品、流程，或者构思并汇总如何过渡到推出阶段的计划，进行一次简短的展示。最后，不管项目是要在全公司推广，或者直接推出市场，还是收集更多资源进一步开发，成员都要遵循推出阶段的规范，与将接受项目的公司其他部门交流意见，获得支持。这个阶段对公司高层的演示和总结报告都需要确定明确的

第八章

截止日期。

下面是英国石油公司的联合团队关于控制点与截止日期的报告。

我们都认识到项目培训班的规则就像小学课本一样苛刻,我们总避免不了要犯错误,挨几下板子,但是过后回想起来却发现这是个好办法,让我们和我们的同伴能明确地发出指令、了解环境、确定准确的交货日期。这种手段让我们切实地将时间投入项目的深入开发,测试各种帮助我们扩大资源和影响力的工具。为了这些"学习"的控制点得到落实,我们很早就决定每周召开一次电话会议,时间就定在格林尼治时间1点钟,这个时候是我们所说的"水深火热"的时间。这个会议的规则保证我们的会议按时进行,并保证这份报告准时提交。

成功因素4:支持和反馈机制

控制点的魔力和秩序的神秘为成员的工作提供了基本框架,与此同时,成员还需要支持和反馈。团队需要公司里的支持者评估项目,以确保项目在正确的轨道上运行。这样团队就能够重新定位以保证有好的结果。支持者也可以检查团队的流程,保证团队内部的活力以及外部行为正确执行。支持者应该来自管理层,扮演指导及评估的角色。如果需要更多反馈,他们可以要求技术专家的帮助;如果需要任务流程方面的咨询,他们可以让顾问帮忙。

重要交货日期前的定时点名制度可以帮助团队稳定运行,在问题发生前找出问题所在。在点名期间鼓励成员讨论他们工作中的得失。常见的问题包括任务分配不平衡、时间安排不合理、与团队以外人员交流困难、计划不可行等。团队在成员间任务分配、项目任务的安排、外界交流、创意重新构思等方面都需要帮助。

英国石油公司和美林证券对他们的团队都提供一定的反馈与支持。如英国石油公司的彼得·达夫(Peter Duff)、朱迪·瓦格纳(Judy Wagner)和吉姆·布列松(Jim Breson),美林证券的凯瑟琳·戈德里克(Kathleen Goldreich)等,这些项目经理使得团队成员聚集到一起,他们把计划、物资和经理会议等所有因素组织起来、指导成员、联络公司高层和其他部门执行团队的任务,他们是项目真正的英雄。公司内外的专家一起组成指导团队。指导团队努力指导,引进资源,给予外向型团队所需的帮助。组成指导团队的公司内部员工负责与公司的联系,而来自外部的专家解决问题或对团队的设想进行评估,给予建议。考虑到成员分布在全球各地,点名通常是通过电话进行的。

无论有没有指导团队,一组外向型团队都可以拥有一个指导者。对于那些愿意与缺乏经验的团队分享经验的人,公司可以给予表扬与奖励。我们遇到过下列这样的专家分配机制:例如福特公司,那些拥有丰富汽车研发经验、公司内有很多关系资源的"聪明人"因为向团队传授知识而获奖。更重要的是,对于聪明人在其他人项目上花费的工时,公司明确予以承认。[3]

有效的信息系统也是一种支持的方式。团队在面对分散变化的知识环境的时候,这种信息支持是非常重要的。这样的系统也许包括重要知识数据库,但是人事资料数据库和专家搜寻系统也同样重要。这些数据库让成员找到那些以前做过类似项目的人。信息系统还包括成员对网站、博客和其他交流方式的了解,还有多个团队的成员分享信息,相互配合解决问题。与大量的专才保持联系是外向型团队的工作方式,有效的信息系统可以支持这种工作方式。

成功因素5:明晰的谢幕

最后一个重要的成功因素是管理好团队的结束阶段。公司高层要了解项目结果和评价,论功行赏,决定哪些项目可以继续,并安排相应的项目经理。最后的推出演示是请外向型团队成员表达自己的观点。有

第八章

后续任务的成员要等待工作安排,而没有后续任务的成员要等待合理解释。有些项目被终止,有些项目允许继续,无论哪种决定都应该被尊重和遵循。无论是哪种情况,项目最后的报告都能让所有人学到很多知识,掌握更多技巧、经验,所以都值得庆贺。通常结束的时候都有宴会作为所有成员和经理辛苦的酬劳。

项目最后的演示意味着项目的结束,但是还有一些收尾工作要做。对于公司高层来说这仅仅是个开始,对于经理来说他们要理解领导意图,安排后续工作。对于美林证券的团队,道·金认识到这个团结的团队拥有宝贵的经验,他给这个新建起来的分散式证券平台任命了一个经理来收集这些经验。对于微软的团队,比尔·盖茨安排网代团队一半的成员从事另外一个项目,在全公司推广团队的经验。公司高层尽其所能地保证外向型团队的努力得到有效利用。

对于成员来说,要转向另外的任务和项目,心理总有些压抑。不过总在原来的项目上工作的话,他们学不到什么新东西了。刚刚结束的项目让他们失去了学习的动力。现在团队最关键的工作是总结已学习的知识,思考如何应对下一个项目。同样关键的还有写报告——不是让人昏昏欲睡的大段文章,而是简短的总结。有十件事是外向型团队应该做的,还有十件事是外向型团队不应该做的。其中包括哪些人对团队帮助最大、哪些事情会导致团队失败等等。同样重要的是成功的故事。一两个外向型团队如何成功的故事会被广泛地宣传。这是最好的宣传办法,时间紧张的成员会注意到这些故事,因此团队风气、文化会开始转变。

本章所述外向型团队计划在企业内部建立起一种创新的架构,将成员从惯常的工作和思维模式中解脱出来,激发他们的热情,鼓励他们动手将自己构思的新产品、新理念付之于实践,然后把他们实践的成果融入公司的体系中去。实际上,像英国石油公司和美林证券这样的企业,

构建创新的结构——外向型团队计划

他们创建的外向型团队已经改变了企业的方向,也带动了整个社会的变化。越来越多的企业加入他们的行列。巴西矿业公司——淡水河谷公司,还有新闻集团也通过经理培训计划建立起各自的外向型团队计划,以期改善淡水河谷公司的全球化进程,并获得新闻集团所需的信息技术人才。

本章阐述了企业如何通过切实的步骤开展公司范围的外向型团队计划。然而要落实这样的计划,企业还需要一个能够通过外向型团队实现分布式领导的架构。公司高层提供支持的步骤就是我们结束章节的标题。

第九章　外向型团队
——分布式领导的实际应用

还在公司运行的早期,西南航空公司(Southwest Airlines)就遇到过严重的问题。[1] 布兰尼夫航空(Braniff)和德州国际航空(Texas International)这样的大型航空公司决定要反击西南航空公司的竞争。他们降低了德州航线的价格。西南航空公司的票价比较高,要留住客户就需要更为激烈的手段。西南航空公司仅有四架飞机,为了凑出足够的钱发放工资,公司出售了其中一架。如今公司面临巨大的困境:如何用剩下的三架飞机运送原来四架飞机的客户?困境能够解决,公司就能生存下去,困境解决不了,公司就要破产。首席执行官面对困境束手无策。

于是全公司都行动起来,在行李分理、地勤、空中服务甚至飞行员中引入外向型团队机制。在机场工作人员和相关法律人士的帮助下,他们想出了很多点子。根据以往的着陆、乘客下机、机舱清理、加油和补充食品、乘客登机、起飞的飞行流程,他们创造了一种新的组合方式。在这种新的运营模式下,他们将周转时间由业内平均的45—60分钟下降到10分钟。即便西南航空公司因为引进大飞机和美国联邦航空局(FAA)的新规定导致周转时间增加,其他大航空公司仍然落在了后面。西南航空公司一直保持着在航空业的领先地位。公司员工管理持续进步,尽管

第九章

"9·11"事件和石油危机导致行业低迷,西南航空公司仍然保持着持续30年赢利的记录。

西南航空公司鼓励员工创新,参与问题的解决,允许员工自由决定如何改善客户印象以及保持运营平稳。公司各层级间交流频繁,对于有功人员不吝奖赏。主管人员创造条件鼓励他人挑头。公司高层确定包括客户服务和过渡形式等核心价值的内容,让员工自己决定实现核心价值的方式。这一切让西南航空公司成为分布式领导的真实典范。

各个层级的领导

分布式领导意味着企业领导职能越分散,效率就越高。这并不是说执行层领导就不重要了,没有高层的有效领导,公司就不能运行良好。但是一个企业要成功,光有有效的高层领导是不够的。在外向型团队模式下,领导职能应该分布于企业的各个层面,每个愿意奉献的员工都有机会作领导。

例如在牛津饥荒救济委员会(Oxfam)至少有三层领导。组织的最高端有执行层领导,以英国牛津饥荒救济委员会执行总监芭芭拉·斯托金(Barbara Stocking)为首。高层经理决定牛津饥荒救济委员会的整体战略以及方针和目标。就像其他非政府组织一样,牛津饥荒救济委员会并不能解决它所服务对象的所有问题。非政府组织如果将其资源集中在贫困、艾滋、饥饿和教育等部分项目上,系统会运作更好。支持来自世界各地,总体决策是在伦敦制定,救济要适应不同的国情与文化。地区经理的作用是接受指示,根据当地政治、经济背景和客户需求调整操作策略。斯托金和她的团队花费很多时间与地区经理交流,了解不同地区的需求,并制定相应的目标和操作模式。然后地区经理根据牛津饥荒救济委员会的总体策略与当地非政府组织、政府机构和私人企业进行合作。

此外还有在城乡工作的基层员工,他们积极帮助当地人维护他们的权利。这些基层员工也需要有公司高层根据各方面的考虑给予指示。但是如果遇到突发情况,或者没有其他人能提供选择方案,例如出现海啸,当地的牛津饥荒救济委员会员工就需要自由处置。这就需要一种环境,能让外向型团队在牛津饥荒救济委员会以及其他非政府组织里逐渐成长。而外向型团队则会根据国别经理的计划以及其他需求的综合考虑,合理安排资源。

越来越多企业以外的人员参与到企业分布式领导中来,大家一起改善操作,创造新产品,解决复杂问题。分布式领导帮助公司运转,为公司带来解决问题、进行决策的专才。虽然在很多人心目中有个神话,认为一个伟大的老板能解决所有问题,其实这些伟大的老板背后依靠着公司很多人的支持。这里另外一个例子是有关宝洁公司的。

当A. G. 雷富礼(A. G. Lafley)于1999年被任命为宝洁公司的首席执行官,这个有着光荣历史的公司正处在飘摇的时期。[2]作为一个顶尖的消费品牌,这个总部设在辛辛那提的大型公司已经很久没有新产品推出了,收益下降得很厉害。然而5年后,公司的创新重新回到行业领先的位置。经过一系列的努力,2004财政年度销售提升了20%,收益提升了25%,这对于宝洁公司这样一个巨人是了不起的壮举。

这个翻身仗的背后是两步战略上的赌博。首先雷富礼将宝洁公司的命运寄托在创新上面。然后,基于企业成熟的品牌制定了一个创新的战略,并抵押上宝洁公司的核心资产。它们在薯片上印一些趣味小问题并加上单人用包装,品客薯片的市场份额几乎增加了15%。老牌子威猛先生也因为与一套热销的洗车产品系列搭配而增加了销量。同样佳洁士系列也变成美白产品,牙齿增白剂和睡眠美容胶也让佳洁士的销售额增加到20亿美元,并在4年内翻了一番。在雷富礼的管理下,宝洁系列的品牌销量从每年10多亿增长到100亿—160亿。

第九章

希望在创新为导向的竞争中获得成功的人都知道，要制定一项基于创新的战略说起来容易，做起来难。原因在于创新的行为并不是发生在执行层面。那么宝洁公司是怎么做到的？为了激发起创新的热情，公司首先打好了分布式领导的基础，从接近全球市场的前线获得新产品的创意。过去新产品通常是来自于中央研发部门，如今可能来自公司内外很多地方。Swiffer Duster掸尘刷和威猛先生魔术清洁剂的创意都来自宝洁公司以外。实际上35%的新产品都来自于宝洁公司以外。雷富礼曾经说过，他希望这个比率能提升到50%，理由是"这只是我想要的一个数字，我要以此表明我们不在乎创意的出处。"[3]

在宝洁公司，支持分布式领导的是一种创新的模式，公司内称为"联系开发"，而不是通常的研发。[4]这个模式是将公司网罗的各种优势联系到一起，利用宝洁公司强大的产品开发与市场营销能力开发出成熟的产品。而实现外部联系以及相应技术转移所依靠的就是外向型团队。

品客薯片在薯片上印一些趣味小问题，在2004年上市后大获成功。这个创意来自于品客团队讨论课上的头脑风暴式提议，团队所有人都认为这个创意不错。不过如何才能实现呢？这个简单创意要求复杂的技术，而这种技术并不是宝洁公司所拥有的。按传统方式，这要求公司内部花大力气研发。然而团队决定进行搜寻，他们先定义了"技术简略"，确定需要哪些技术，然后在公司的网络内寻找解决方案。意大利博洛尼亚的一家面包房拥有一项在糕点上印字的技术，这项技术被移交给辛辛那提的总部，很快就被品客团队利用起来。

分布式领导的四种核心能力

像宝洁公司、牛津饥荒救济委员会和西南航空公司这样的企业和组织都体现出四项功能：感知、关联、展望与创造。我们最早在第五章提到过，这四项功能让他们熟练运用分布式领导。在分布式领导模式下，这些能力分布在全公司的个人、团体和各个层级之间,合理安排企业需要的这种才智与其他资源。这种模式认为任何领导都是"不完全"的,需要与公司其他部门配合,只有在那些部门"才能找到需要的专才、观念、新创意和其他资源。"[5]这些能力简述如下。

- **感知** 第一个核心领导能力是感知,卡尔·韦克认为"感知"是团队的耳目,观察变化的环境中的机遇与风险,观察企业运行的框架。[6]当然企业内部上下层交流与对话是感知企业状况的重要手段,而交流也是感知外部相关人才和新理念等资源的重要手段。联系外部的优势资源,了解客户需求、文化规则、竞争、技术优势和市场机会等重要的环境信息。这种外部的交流需要多个网络,以得到新的创意、潮流趋势等相关资源,消化融合成为符合需要的解决方案。首席执行官这个层次的管理人员要依靠这种外部的交流来决定如何配备科技、营销和工程人员。

- **关联** 关联是在公司内外建立重要的联系,收集任务需要的人才等资源。这里信任很重要,没有信任,交流会变得很复杂。宝洁公司、牛津饥荒救济委员会和西南航空公司的成员如果觉得公司高层打算将他们的工作外包出去,他们就不会去寻找新的工作方法和解决方案。同样,执行层也要信任第一线的工作人员和合作伙伴的领导工作,即使这些人的任务处理方式与执行层预期的不同。除了信任,对话也是必要的,可以了解不同观点,传达各自认为的重点,这样才能获得有效的关联。

- **展望** 展望是勾画出一个引人注目的未来。感知说的是现在有什么,而展望说的是将来可能有什么。展望不仅要简单地陈述公司的意图,而且要表达出员工对未来的贡献。展望要清楚,并经过有效沟通,定义好各种行为参数才能起到作用。一个清楚并且有效沟通的展望能明确地表达出企业的价值观、工作重点和目标,一线

第九章

的管理人员可以根据展望决定自己的行为,也可以据此开展扩张行动。当吉姆·帕克尔(Jim Parker)就任西南航空公司的首席执行官时,公司确立财务目标与业绩目标,同时明确规定客户要放在首位,规定了员工可以从错误中学习,而这种学习不只是让公司变得有吸引力。全公司一起努力为客户提供新的服务,并不断改变着描述。对于芭芭拉·斯托金来说,牛津饥荒救济委员会是一个独立运作的组织,为需要的人提供服务,提供工具帮助他们改善生活,而不是让他们产生依赖,陷入更贫穷的地步。这个描述随着与区域经理和当地人的交流而不断变化。宝洁公司的 A.G.雷富礼所做的描述明确了新创意是基本,不管创意来自于哪里,而公司的未来决定于创新。值得注意的是,在宝洁公司,联系开发并不意味着将创新外包出去,而是在公司内外寻找创意,并将这些创意转化为现实,成为公司的核心力量的一部分。就像宝洁公司创新主管拉里·休斯顿(Larry Huston)和纳比勒·萨卡卜(Nabil Sakkab)所说的,描述就是两部分的创新,一部分的创新来自于公司实验室,另外一部分来自于创新主管。[7]

- **创造** 创造是最后一项领导能力,也就是通过创新的解决方案和新的配合工作方式来实现描述。创造是开发出创新的方式,绕开各种障碍,并在公司转向的时候保证公司的运行。本章开始时所说的西南航空公司的团队创造了一种飞行新模式,从而给公司带来前所未有的竞争优势。牛津饥荒救济委员会的员工一向都是根据复杂恶劣的当地环境不断创造,而芭芭拉·斯托金也是在公司层面进行创造。宝洁公司的 A.G.雷富礼设定了创新的规范,从而激发了上百员工的创造热情,使得这个老品牌重新焕发青春。

值得注意的是:这四种能力并不只是首席执行官的责任,而是由所有员工所分享。西南航空公司里与客户连接的主角不是首席执行官,而是票务和客户服务等一线员工。例如"9·11"事件后的几天,西南航空公司的员工邀请被滞留在机场的旅客一起出去吃饭,打保龄球。而在另外一个案例中,一个西南航空公司的员工帮助一个客户找到他丢失的行李,这个客户比较穷,所以在行李上包着报纸防止污损,可是行李却被当做垃圾错误地丢弃。就是这样一些领导行为带来了客户的忠诚。与此相同,牛津饥荒救济委员会的区域经理必须不断了解以监控当地的情况,并满足客户需要。宝洁公司员工不断改进雷富礼的描述,通过自己的努力改变未来。

外向型团队和分布式领导

本书通篇都是讲述作为分布式领导载体的外向型团队。外向型团队能帮助企业实现领导职能的分布,并通过以下方式体现出四项能力。

- **搜寻** 搜寻行为为企业带来新的理念,鼓励员工以新的眼光观察世界,随时了解周围环境的最新变化,这样企业能够进行了解活动并根据需要采取措施。
- **交际** 交际行为将企业的上下层面联系起来,帮助上级管理人员以自己的方式解决复杂的问题并进行创新,并为新的战略构想制定框架。交际也让低层员工能运用他们对客户、文化、技术、竞争对手和市场的了解,展示自己的才华,表达自己的想法,从而影响公司的战略。交际能让公司各个层级共同进行了解和创造,加强上下级间的联系。
- **任务协调** 任务协调让企业内各个团队能够互相学习,配合工作,打破旧框架,传递团队间新的协调关系。任务协调促进团队的新老交替,在企业内部有效地分配任务,提供新的解决问题的策略。除此以外,任务协调还能使公司内外不相关的团队间建立起联系。
- **尽力执行** 尽力执行帮助企业培养信任与开诚布公的交流环境,

第九章

从而使得关联成为可能。尽力执行还能给团队带来创新所需的团结与安全的氛围。最后,尽力执行给团队带来效率,让成员有效地解决问题、执行任务,传播分布式领导的文化理念,使得创造成为可能。

- **勘探—开发—推出** 这种三阶段模式帮助成员按时间安排他们的工作重点,从观察、了解直到实施,调整员工感知、关联、展望和创造等核心任务的顺序。对世界有一定了解以后,成员可以描述他们要创造什么东西,然后着手将设想变为现实。最后在团队没有操作实物的情况下,勘探—开发—推出三阶段模式能使得团队的工作成果很好地融入到公司的体系中去。

- **外向型因素** 外向型因素帮助团队在公司内外建立密切深入的联系,通过内外部联系为团队的创新与成功提供资源。值得注意的是,可扩张的关系网因其流动可变的结构更能适应团队的需要,按任务要求的专长与人数提供所需的员工,创造新的合作方式。通过关系网赋予不同的员工与其任务相应的领导、操作或者顾问职能。

所有这些都阐述了外向型团队如何使得员工从日常工作中摆脱出来,让他们从公司的角度看待问题,这样他们能充分明白要作出改变有多难,从而更加认真地做好本职工作。外向型团队让企业能够尝试新的想法和举措,观察它们是否有效。外向型团队能让人观察到团队在感知、关联、展望和创造过程中所体现出来的分布式领导。外向型团队还能鼓励高级管理层以下的领导行为,这样可以使得领导行为在上下级之间以及全公司范围内协调一致。本书所有提到外向型团队的地方都能说明外向型团队的这些作用是如何实现的。

例如我们前面在第一章提到的西北咨询团队,咨询公司总裁面临的客户是企业要服务的学区。客户期望的是面面俱到的综合性解决方案,为此总裁从不同部门抽调人员组建团队,并要求团队满足学区的各种要求。团队成员在行动前进行了充分的调查,所以他们成功了。他们在学区里调查了很长时间,了解学区的需求。他们进入学区的身份不是过去惯常的技术专家而是问题解决专家和领导者。他们进行了解,和学区重要任务建立密切联系。他们尝试了很多不同的方法,从错误和获得的反馈中学习。团队进行创造,他们尝试了新的学校教育方式。通过交际,公司高层与西北团队共享了这些信息,而总裁又将这些信息分享给其他团队。就这样,外向型团队为公司提供了针对新的复杂问题的多种处理经验,而有些经验被证明能够更好地为客户服务。这些团队实际上帮助了整个公司理念描述的形成。

在贝尔克公司,公司总部采用新的组织形式为客户提供符合行业标准的系统解决方案。新方案要求销售、技术服务、安装、维修和其他各个部门更紧密的合作,但是没有说明如何能进行这种紧密合作。大银行团队帮助建立起这样的理念描述,并以创新的方式实现这种描述。大银行团队以成员为主导,判断出行业的需求,同样进行了解,判断出哪些销售是必要的,然后与公司其他部门进行连接,实现这些销售。他们像企业家一样进行创造,并最终确定新的设计模型。与那些提供原始模型和理念描述的公司高层一样,他们在项目中起到了领导的作用。

本书提起的像网代、狐狸和Razr等其他团队在各自项目工作中表现出同样高水平的分布式领导。分布式领导是他们成功的关键,同样也是他们企业成功的关键。

公司高层的作用:为外向型团队创建文化氛围

我们已经了解外向型团队是如何通过他们的架构、流程与他们的成功事迹使企业文化变得更加市场化、更有创新意识的。外向型团队执行感知、关联、展望和创造,通过这些任务将领导职能的观念传播到整个公

第九章

司中去,是推动分布式领导的发动机。而公司高层则建立起相应的文化氛围,从总体上支持分布式领导和创新,关键是支持外向型团队,从而加速了推广分布式领导的进程。

在此我们将探讨公司高层如何创建外向型团队文化。但是要有心理准备:创建文化需要时间与精力,变化不是一两天就能看见成效的。企业文化的概念比较难懂。我们的同事艾德·斯凯恩(Ed Schein)首先提出的一个简单模型,对于我们了解企业文化非常有用。[8]根据斯凯恩的定义,文化有三个层次。首先,文化有可察觉的踪迹,这些踪迹在管理行为、激励系统和组织结构中体现出来。这些踪迹也可以从一些细微的地方如办公室布置、服装上的标记和工作用语中看出来。其次,企业存在的意义在于,能服务于客户的需求或者提高股票市值;领导职能在企业中运用的价值在于,是从上到下的层级领导还是分布式领导。这些明确的价值通常体现在很多企业流行的正规任务报告中。文化还有第三个因素:存在基本的假设。这个层次中最重要的部分,我们并不能直接看到。如何着手、信仰的对错、公平与否等都存在着隐性规则,这些深藏着的假设极大地影响着文化与行为,我们所说的文化变革就是在这个层次上进行的。毕竟我们想要的不只是改变员工的着装和言行,我们要改变的是他们的思想。

不幸的是,我们不能直接看到这些假设,也就无法直接改变它们。我们能做的就是将这些明确的评价与其他员工进行不懈的交流,从那些可察觉的踪迹入手,使得这些踪迹与评价接近一致。这样经过一段时间的努力后,我们可以让企业拥有的基本假设就像我们希望的那样。在第八章我们讨论过公司高层有必要与员工交流对分布式领导的评价,并对外向型团队承诺给公司带来的任何事物进行宣传推广。在此我们重点提出六种有利于强化企业确定的评价的管理行为(斯凯恩定义为踪迹),这六种管理行为还能形成一定的基本假设,从而建立起有益于外向型团队发展的企业文化。

行为1：提供战略方向

企业的战略决定了分布式领导行为与外向型团队的发展。没有企业战略，一线的领导职能就是盲目低效的。例如在宝洁公司，管理层在三个方面指导外向型团队。管理层支持对排名前十位的客户需求进行搜寻，公司高层每年对排名前十位的客户需求进行重新评估排位。然后将这些需求分解成系统问题，并像本章早先提到品客薯片团队案例中那样以技术摘要的形式公布出来。其次是对所谓相关性（新产品建立在现有品牌资产上）的确认。例如牙齿增白产品与佳洁士品牌相关，它们已经不只是一般意义上清洁牙齿的牙膏了。最后，管理层采用所谓"技术记分牌"来确认一项技术与多个品牌间可能的联系。这种办法可以调查一项外部的技术是否能给一个系列以上的产品带来收益。

在英国石油公司，管理层创建团队，以新的方式管理重要项目。由团队自己选择项目，公司高层以确认项目管理重要的领域作为支持。在巴西矿业巨头淡水河谷公司，外向型团队的重点是全球化。管理层通常敦促成员超越其日常工作领域，与公司其他部门配合创新，从而推动公司的创新，把公司的战略重点扩展到巴西以外。简而言之，公司高层的任务就是建立战略方向，或者是保护伞，其他层级的领导职能可以在保护伞遮盖下安全的落实。

行为2：管理过载和授权

外向型团队的成员和一线领导的职位都是获得了授权的，这让他们感到兴奋。不过风险就是可能让已经沉重的工作量过载。在第八章我们已经讨论过，在一个以效率为导向、压力巨大的公司里，外向型团队在完成日常工作的同时可以通过创新的方式解决公司竞争优势的困境。

第九章

但是如果是将一支外向型团队赋予冲锋陷阵的任务,就起不到这样的作用。

在如今的企业中,过载这个问题已经存在了很长的时间了。有种错误的观念认为"好"的经理能够应付更多的任务,这样的态度加剧了过载的问题。潜力较大的个人就不得不接受越来越多的任务。这种逻辑非常荒谬,如果涉及一些战略上重要的创新项目,那就更加危险。任务过载的成员不能进行创造性的思考,提不出新的设想,也就不能创新突破。实际上,公司高层的一个关键作用就是避免过载的发生。如果公司高层不能避免未来的一线领导产生过载,这些员工很可能遭遇失败,精力耗尽,形成畏惧心理,也就无法形成适合外向型团队的企业文化了。[9]

要处理好过载,公司高层必须给员工留出进行项目创新的时间。他们可以提供资源,给予相关团队经理课程或者报销旅行费用,以及行政、培训、金融和系统的支持,帮助外向型团队做他们该做的事情。特别是当外向型团队刚刚经历了大量的旅行或者国外学习的时候,额外的假期或者家庭团聚机会会有很大的帮助。

与过载相对应的是授权。公司高层经常鼓励低层员工进行创新,提出新设想,这样会与中层管理人员、其他单位的经理甚至是公司高层产生冲突。公司高层鼓励创新除了形成按规定操作的企业文化以外,还会产生压力,导致低层员工面临越来越繁重的业绩指标。低层经理在任务太重的时候也要有表达的危机信号。如果任务危及员工或设备的健康与安全,或者为了成功需要不择手段,危及企业文化或者质量的话,低层经理就可以向上级发出危机信号。

更加重要的是,要让大家明白发出危机信号不会被惩罚,而是值得赞赏。除了这种危机信号,低层领导还需要得到保护,让他们在个人或者企业遇到风险的时候把危机的信息传递上去。监察专员制度、匿名电子公告牌和透明的政策让员工敢于反映问题,不怕报复。

行为3：左右逢源

最新的研究表明，拥有所谓左右逢源型高管团队的公司持续创新的水平比较高。[10]一个左右逢源型人才可以同时使用左右手，一个左右逢源型高管团队既可以管理需要配合与控制的成熟业务，也可以管理需要与传统业务不同的企业化行为和自由空间的创新业务。左右逢源型高管团队对分布式领导和外向型团队支持更好。左右逢源型高管团队能做些什么呢？首先大家都公认管理成熟业务和提出创新设想两者截然不同，相互冲突。两者并不不能简单地判断谁好谁坏，而是适合不同情况的任务。一个创新为导向的企业要想获得长期的成功，两者都很重要。左右逢源意味着能应对不同的目标，并根据时间、回报和控制点的不同要求合理安排资源。

Razr团队的例子就是一个证明。团队业绩评判标准和销售预测远低于摩托罗拉的其他传统产品研发项目，其中存在大量的风险和不确定性。而且团队被允许不接受中层管理人员的监察与干涉。成员可以尝试新设想，失败也不会被指责，没有人会批评他们违反规定，或者没有达到传统的营业指标。事实证明Razr团队的成功超乎想象。如果团队像做成熟业务的传统产品研发团队一样循规蹈矩，规定各种时间、投资回报率等要求，他们非传统的道路就不会那么好走，结果也不容乐观。团队自己并不能安排好这一切，只有左右逢源型公司高层了解这样团队的特殊需要，也只有他们有资格作出这样的决定。

行为4：推广网络

中小型市场化企业对市场和技术有着不同的看法，他们的创新行为更加激烈。甚至很多个人发明家也有很多伟大的创意已经申请了专利。越来越多的院校与其联合，将研究成果转化为经济效益。互联网的普及

第九章

使得人们的联系更加密切,也导致这种联合开发的盛行。这种新模式包括创新机会的网络,一些人为此创造出一个新词"开放式创新"。[11] 外向型团队最重要的作用就是抓住这个开放式创新时代所带来的机会。团队建立起一个网络交流的机会,公司高层宣传推广团队的网络,以表示支持。

让我们再看看宝洁公司的案例,公司长期有针对性地建立了很多不同的网络。例如公司建立起专门的网络,其中包含了全球超过70名技术型企业家,宝洁公司雇用他们以与院校研究人员接触等方式搜寻机会,扩大联系人名单。公司还培养一些开放式网站,例如知识产权交易网站 yet2.com,这个网站还被《财富》100强里的一个大型集团所资助。这两种网络给宝洁公司的外向型团队带来了大量的财富与机会。

公司内外推广网络还有很多种其他方法。公司将整个团队或者部门而不是一两个人送去参加质量培训或者经理培训,这已经变得很寻常了,这样使得公司内部能建立紧密的联系。公司事物要求全公司各个层级、各个部门都参加,这样使得平时不常见面的员工有机会聚集到一起。最后是组建老虎团队,老虎团队就是接受规划、预算或者项目监管这样核心任务的团队。老虎团队这样跨部门的团队在公司内部建立起横向的联系。

公司鼓励和资助员工参加各种会议、展示会和其他的行业集会,从而建立起外部网络。与客户聚会能够提供对产品的反馈信息,将客户与其他客户、销售、市场甚至是设计下一代产品的工程师连接起来。

一些公司甚至为客户提供经理级项目服务,不是为了加强销售,而是期望以此加强公司内外的联系。

行为5:实施节奏领导

你也许会问:什么是节奏领导?节奏领导就是高层领导运用节奏和

暂时的变化来实施外向型团队行为。成员要配合的有公司高层、中级管理层、客户和其他职能团队。公司高层有财政年度安排,中级管理层有预算和周期规划安排,客户有交货截止日期的规定,而其他团队也有自己的工作节奏安排。除此以外,外向型团队还需要在团队之间交流资源、人员和想法,这对于有不同计划安排的团队来说也是个问题。就像是一个乐队,每个不同的团队代表不同的乐器,如果每件乐器只注意自己的乐调,那么就只能合奏出杂音。

而有了节奏协调,所有的外向型团队都按统一的计划安排,同时开始,配合工作协调完成,每个内部的截止时间都成为统一的截止点和"节奏交叉点",所有团队都在这个时间点上同时进行评估。[12] 因为每个团队都处在同样的阶段,比较起来容易。另外团队一起中止工作,也容易进行人员和资源的交换,并做好下一阶段改变的准备。如果这个时间点正好是任务的重要转接时期,如能实现开发向推出阶段的过渡,效果会更加强烈。

节奏协调更进一步的就能形成整体的协奏,一个部门或者几个部门的所有团队按统一的控制点和截止日期进行工作。这样就需要统一的评判标准,例如每年在同一时间推出一款新产品,或者每天分成两半,上午是全体配合工作,下午是各自工作时间等。[13] 整体的协奏还可以是一群团体要求所有成员下午3点以前提交报告,一起对模型进行测试;整体的协奏也可能是一家医院要求全体讨论病人需要哪些医疗设施,而不需要哪些医疗服务。例如一个部门讨论软性饮料的新创意,讨论的时间限制在秋天,这样到了冬天就可以选出获胜的创意,下一个春天就可能推出新产品,正好可以在年度与客户的聚会上进行测试。这样安排的工作可以与内外重要的截止期限配合,让参与的每个团队同步运作。

通过这样节奏和周期安排,杂音就会变成真正的合奏音乐。组织的不同部分知道如何配合工作,以按时完成项目,外向型团队也就更容易

第九章

实现与其他外向型团队、组织的其他部门以及相关外部重要人物所设定的截止期限相配合。每个人基本上都能保持同步,形成新的工作模式。

行为 6:作模范表率

不管采用怎样的结构和流程,企业的主要动作都要看高层领导的意思。他们的行为受到全公司的瞩目,员工从他们的行为分析他们的意图,猜测公司高层认为哪些重要、该怎样做、做什么能得到奖赏。所以高层领导要密切关注他们发出的信号。

斯凯因提出了领导发出信号的几种方式。[14]第一个是通过年度报告体现他们的作为。如果一个外向型团队项目的成员被告知他们可以与上级进行交际活动,而这些上级领导却总抽不出时间,成员就会觉得公司对项目并不感兴趣。同样地,如果口口声声说创新至上,却总是抽不出时间开发创新项目,那也就不能指望有创新的结果。而当英国石油公司的高级经理不惜牺牲工作时间飞越大洋去参加每个外向型团队干部的启动、结束发布会,他们的姿态就表明了公司以及高层对这些项目的重视程度。

其次是通过升职、评估系统和资源分配表明领导的态度。看谁获得了升职?如果高层领导满口的创新,提拔的时候却只看业绩,那么员工就会认为创新风险太大,而只求保守地把手头的营销数字做漂亮。如果说核心价值是诚实,而一位经理却因为做法有争议,虽然获得很大收益,而不获荣升,大家就会认为公司高层是认真的。与此同时,鼓励创新与诚实需要衡量尺度。没有尺度就容易被忽视,没有标准就没有很好的理由进行提拔工作。同样的情况下,资源分配也代表了公司的侧重点。西南航空公司有明确的评判标准,要求所有层级的领导都需要遵守。即使在公司面临紧张的经济压力下,一级经理人员的培训仍然放在优先位置,这表明了公司对这个评判标准的支持。

最后是通过案例显示领导的态度。高层领导通过宣扬典范的案例表明企业文化的变化。关于早期的团队是如何挽救公司的故事说了又说,告诉所有员工他们是公司核心价值所在,公司不会忘记员工的贡献。同样,关于那个员工是如何从垃圾箱里找出客户行李的故事也是说了又说,告诉员工顾客才是上帝。这些传奇领导的故事在公司里传播的主要意义在于,告诉大家高层不会只顾自己的利益,公司鼓励分布式领导的开展。

总而言之,高层管理者要传递分布式领导和外向型团队的价值理念、提供战略方向、给低层员工授权、推广网络、实施节奏领导,并起到模范带头作用。他们比其他领导更清楚地认识到两个基本假设:分布式领导将在全公司实现,而外向型团队必定会成功。

外向型团队:一个回报丰厚、富有挑战性的选择

托马斯·弗里德曼(Thomas Friedman)曾经说过:"全球化 1.0 版本的全球化力量是国家全球化,全球化 2.0 版本的全球化力量是公司全球化,而全球化 3.0 版本的全球化力量是……小群体全球化。"[15]我们贯穿全书所讨论的是:在如今全球化和创新导向的社会中,外向型团队是实施分布式领导的有力工具。但是他们不是万能的,作为一种带来改变的工具,他们很难操纵。外向型团队的选择很有挑战性:外向型团队的配合工作比传统团队难上许多,对于成员来说也许是很重的负担。在接受这份责任之前,管理人员要仔细考虑外向型团队对于公司是否值当。如果对创新、灵活与配合的要求不是很明确的话,也许传统团队更加适合。

尽管有以上需要警惕的问题,我们仍然认为,当今社会中越来越多的公司被外向型团队模式吸引,这是大势所趋。本书讨论的案例主要是面临竞争压力的企业里的一些团队,但是我们所说变革的力量正影响着

第九章

社会的各个角落。我们生活的这个世界如今面临环境恶化、社会不公、贫困和不断的政治冲突,需要所有人团结起来解决这些问题。我们已经看见政府、企业、个人以及非政府组织的很多团队遵循外向型团队原则而获得了成功。我们期待这些原则能够帮助所有面对这些问题和挑战的团队都获得成功。

在需要创造性、灵活性和适应性的项目里,外向型团队越来越多地成为解决问题的手段。要获得分散的人才和信息,要创造企业和部门间新的协调模式,外向型团队就是完美的工具。外向型团队能够让组织内外的相关人员相互联系、相互配合。

当然,在企业内创建外向型团队是对包括成员与公司高层的每个人的挑战,也是对整个企业的一种挑战。然而本书所述不同类型的企业,包括摩托罗拉和微软、西南航空公司和牛津饥荒救济委员会,都从中获得了丰厚的回报。"毋庸置疑,一小群充满智慧、富有责任感的平民就能改变世界,"美国著名的人类学家玛格丽特·米德(Margaret Mead)曾经说过:"实际上从来就是如此。"[16] 这就是外向型团队背后隐含的精髓与真理。

注　释

引言

1. 本文所引用之保罗·戴维森并非当事人真实姓名。

2. "分布式领导"的概念首先出现于 T. Malone, *The Future of Work* (Boston: Harvard Business School Press, 2004).

3. S. Levy, "Microsoft gets a clue from its Kiddie Corps," *Newsweek*, February 24, 2003.

4. T. Malone, *The Future of Work* (Boston: Harvard Business School Press, 2004).

5. D. G. Ancona and D. F. Caldwell, "Bridging the Boundary: External Activity and Performance in Organizational Teams," *Administrative Science Quarterly* 37 (1992): 634–665.

6. The three stages model was first introduced in D. G. Ancona and D. F. Caldwell, "Making Teamwork Work: Boundary Management in Product Development Teams," in *Managing Strategic Innovation and Change*, A Collection of Readings, ed. Michael L. Tushman and Philip Anderson (New York: Oxford University Press, 1997), 433–442.

第一章

1. J. R. Katzenbach and D. K. Smith, *The Wisdom of Teams* (Boston: Harvard Business School Press, 1993).

2. Compare Elaine Biech, ed., *The Pfeiffer Book of Successful Team-Building Tools* (San Francisco: John Wiley, 2001).

3. E. H. Schein, *Process Consultation Revisited: Building the Help-*

注释

ing Relationship (Reading, MA: Addison-Wesley, 1999); L. A. Hill, "Building Effective One-on-One Work Relationships," Harvard Business School Note 497-028.

4. M. D. Hanlon, D. A. Nadler, and D. L. Gladstein, *Attempting Work Reform: The Case of "Parkside" Hospital* (New York: Wiley & Sons, 1985).

5. Ibid.

6. D. L. Gladstein, "Groups in Context: A Model of Task Group Effectiveness," *Administrative Science Quarterly* 29 (1984): 499-517.

7. D. G. Ancona and D. F. Caldwell, "Bridging the Boundary: External Activity and Performance in Organizational Teams," *Administrative Science Quarterly* 37 (1992): 634-665.

8. D. G. Ancona, "Outward Bound: Strategies for Team Survival in an Organization," *Academy of Management Journal* 33 (1990): 334-365; D. G. Ancona and H. Bresman, "Begging, Borrowing and Building on Ideas from the Outside to Create Pulsed Innovation Inside Teams," in *Creativity and Innovation in Organizational Teams*, ed. L. Thompson and H. S. Choi (Mahwah, NJ: Lawrence Erlbaum, 2005), 183-198; H. Bresman, "Lessons Learned and Lessons Lost: A Multi-Method Field Study of Vicarious Team Learning Behavior and Performance," Academy of Management Best Paper Proceedings, Atlanta, August 2006.

9. J. S. Bunderson and K. M. Sutcliffe, "Why Some Teams Emphasize Learning More Than Others: Evidence from Business Unit Management Teams," in *Research on Managing Groups and Teams*, ed. E. A. Mannix and H. Sondak, 4th ed. (New York: Elsevier Science, 2002), 49-84; J. N. Cummings, "Work Groups, Structural Diversity, and Knowledge Sharing in a Global Organization," *Management Science* 50 (2004): 352-364; S. S. Wong, "Distal and Local Group Learning:

Performance Trade-Offs and Tensions," *Organization Science* 15 (2004): 645-656; M. Zellmer-Bruhn, "Interruptive Events and Team Knowledge Acquisition," *Management Science* 49 (2003): 514-528.

10. 萨姆和奈德的材料为作者之一于 1988 年进行的面谈内容整理而成。

11. C. P. Alderfer, "Boundary Relations and Organizational Diagnosis," in *Humanizing Organizational Behavior*, ed. M. Meltzer and F. Wickert (Springfield, IL: Charles C. Thomas), 142-175.

第二章

1. W. Whyte, *The Organization Man* (New York: Doubleday, 1956).

2. T. Malone, *The Future of Work* (Boston: Harvard Business School Press, 2004).

3. 同上。

4. D. Carpenter, Associated Press, "Razr, Design Push Remake Motorola's Stodgy Image," April 9, 2005.

5. 责任声明:本文关于 Razr 的描述均建构于二手来源。我们开始写这一本书的时候,Razr 的成功导致很多有关这个团队的文章出版,各个文章表述不同,本文主要参考 S. D. Anthony, "Making the Most of a Slim Chance" *Strategy and Innovation*, July-August 2005.

6. 杰弗里·伊梅尔特的内容和资料见 E. Schonfeld, "GE Sees the Light," *Business 2.0*, July 2004。

7. G. Hedlund, "The modern MNC: A heterarchy?" *Human Resource Management* 25 (1986): 9-36; J. Birkinshaw, "Entrepreneurship in Multinational Corporations: The Characteristics of Subsidiary Initiatives", *Strategic Management Journal* 18 (1997): 2007-229.

8. 公司的真实名称已经保密处理。

9. A. Pollack, "Despite Billions for Discoveries, Pipeline of Drugs

注释

Is Far from Full," *New York Times*, April 19, 2002.

10. 这个隐喻首先用于 P. Hagström and G. Hedlund, "A Three-Dimensional Model of Changing Internal Structure in the Firm," in *The Dynamic Firm*, ed. A. D. Chandler, P. Hagström, and Ö. Sölvell (Oxford, UK: Oxford University Press, 1998)。

11. 要了解推动知识改革的力量及其对组织的影响,见 G. Hedlund, "A model of knowledge management and the N-form corporation," *Strategic Management Journal* 15 (1994): 73–90。

12. D. Ancona, T. Malone, W. Orlikowski, P. Senge, "In Praise of the Incomplete Leader," *Harvard Business Review*, February 2007.

第三章

1. 本文所引用的大银行团队非其真实名称。

2. K. Weick, *Sensemaking in Organizations* (Thousand Oaks, CA: SAGE Publications, 1995).

3. A. D. Grove, *Only the Paranoid Survive: How to Exploit the Crisis Points That Challenge Every Company* (New York: Doubleday, 1996). In addition to Andrew Grove, a number of researchers have written about revolutionary change and discontinuities. For example, see M. L. Tushman and E. Romanelli, "Organizational Evolution: A Metamorphosis Model of Convergence and Reorientation," in *Research in Organizational Behavior*, ed. L. L. Cummings and B. M. Staw (Greenwich, CT: JAI Press, 1985), 171–222.

4. 要更多地了解代位性团队学习,请参阅 H. Bresman, "Lessons Learned and Lessons Lost: A Multi-Method Field Study of Vicarious Team Learning Behavior and Performance," Academy of Management Best Paper Proceedings, Atlanta, August 2006。

5. S. D. Anthony, "Making the Most of a Slim Chance," *Strategy and Innovation*, July-August 2005.

6. D. G. Ancona and D. F. Caldwell, "Bridging the Boundary: External Activity and Performance in Organizational Teams," *Administrative Science Quarterly* 37 (1992): 634–665.

7. For more on transitions in teams, see C. J. G. Gersick, "Time and Transition in Work Teams," *Academy of Management Journal* 31 (1988): 9–41; J. R. Hackman and R. Wageman, "A Theory of Team Coaching," *Academy of Management Review* 30 (2005): 269–287.

8. D. G. Ancona and M. J. Waller, "The Dance of Entrainment: Temporally Navigating across Multiple Pacers," in *Research in the Sociology of Work*, ed. B. A. Rubin (Amsterdam: JAI, Elsevier Press, forthcoming).

9. D. G. Ancona and D. F. Caldwell, "Bridging the Boundary: External Activity and Performance in Organizational Teams," *Administrative Science Quarterly* 37 (1992): 634–665.

10. This and other quotations about the Razr team can be found in S. D. Anthony, "Making the Most of a Slim Chance," *Strategy and Innovation*, July-August 2005.

11. D. G. Ancona and D. F. Caldwell, "Bridging the Boundary: External Activity and Performance in Organizational Teams," *Administrative Science Quarterly* 37 (1992): 634–665.

12. B. A. Bechky, "In Working Order: Coordination Across Occupational Groups in Organizations," working paper, Graduate School of Management, USC Davis, 2006.

第四章

1. Both Gerhard Koepke and Powercorp are fictitious names.

2. A. C Edmondson, "Psychological Safety and Learning Behavior in Work Teams," *Administrative Science Quarterly* 44 (1999): 350–383.

3. J. Pfeffer, "How Companies Get Smart," *Business 2.0*, Febru-

注释

ary 2005.

4. J. H. Gittell, "Supervisory Span, Relational Coordination, and Flight Departure Performance: A Reassessment of Postbureaucracy Theory," *Organization Science* 12 (2001): 468–483.

5. 关于医院研究的内容来自 Edmondson, "Psychological Safety and Learning Behavior in Work Teams," *Administrative Science Quarterly* 44 (1999): 350–383。

6. 关于 EcoInternet 团队的内容来自 C. Dahle, "Extreme Teams," *Fast Company*, November 1999。

7. 回顾请参阅 G. M. Wittenbaum and G. Stasser, "Management of Information in Small Groups," in *What's Social About Social Cognition? Research on Socially Shared Cognition in Small Groups*, ed. J. L. Nye and A. M. Brower (Thousand Oaks, CA: SAGE, 1996), 3–28。

8. 本文参见 E. Schonfeld, "GE Sees the Light," *Business 2.0*. July 2004。

9. M. A. West, "Reflexivity and Work Group Effectiveness: A Conceptual Integration," in *Handbook of Work Group Psychology*, ed. M. A. West (Chichester, UK: Wiley, 1996), 555–579.

10. J. R. Hackman and R. Wageman, "A Theory of Team Coaching," *Academy of Management Review* 30 (2005): 269–287.

11. E. H. Schein, *Process Consultation Revisited: Building the Helping Relationship* (Reading, MA: Addison-Wesley, 1999).

12. D. W. Wegner, "Transactive Memory: A Contemporary Analysis of the Group Mind," in *Theories of Group Behavior*, ed. B. Mullen and G. R. Goethals (New York: Springer-Verlag, 1987), 185–208.

13. 本章关于 Razr 团队的描述均来自于 S. D. Anthony, "Making the Most of a Slim Chance," *Strategy and Innovation*, July-August 2005。

14. 有关工业的曙光与奇迹的内容来自 C. Dahle, "Extreme Teams," *Fast Company*, November 1999。

15. J. R. Hackman and R. Wageman, "Total Quality Management: Empirical, Conceptual and Practical Issues," *Administrative Science Quarterly* 40 (1995): 309–342.

16. E. Matson, "Four Rules for Fast Teams," *Fast Company*, September 1996.

17. Example from M. A. Cusumano, "How Microsoft Makes Large Teams Work Like Small Teams," *MIT Sloan Management Review* 39, no. 1 (1997): 9–20.

18. H. Silove, "Discovering the Art of Innovation," *Business Day*, January 26, 2004.

19. 其他已探明的定理来自 D. G. Ancona and C. L. Chong, "Cycles and Synchrony: The Temporal Role of Context in Team Behavior," in *Research on Managing Groups and Teams*, ed. R. Wageman (Stamford, CT: JAI Press, 1999), 33–48; K. M. Eisenhardt and S. L. Brown, "Time Pacing: Competing in Markets That Won't Stand Still," *Harvard Business Review*, March-April 1998, 59–69。

20. W. J. Holstein, "Daimler Chrysler's Net Designs," *Business 2.0*, April 2001.

21. "Brain Teasing," *Economist*, October 13, 2005.

22. F. Warner, "He Drills for Knowledge," *Fast Company*, September 2001.

第五章

1. ProPoint 团队的例子参阅前面 D. G. Ancona and D. F. Caldwell, "Bridging the Boundary: External Activity and Performance in Organizational Teams," *Administrative Science Quarterly* 37 (1992): 634–665。

2. D. G. Ancona, "Outward Bound: Strategies for Team Survival in an Organization," *Academy of Management Journal* 33 (1990): 334–365; C. J. G. Gersick, "Time and Transition in Work Teams," *Academy*

of Management Journal 31（1988）：9 - 41；L. Thompson，*Making the Team*（Upper Saddle River，NJ：Prentice Hall，2000）.

3. D. G. Ancona, "Outward Bound：Strategies for Team Survival in an Organization," *Academy of Management Journal* 33（1990）：334 - 365；D. G. Ancona and D. F. Caldwell, "Bridging the Boundary：External Activity and Performance in Organizational Teams," *Administrative Science Quarterly* 37（1992）：634 - 665.

4. D. Ancona, T. Malone, W. Orlikowski, and P. Senge, "In Praise of the Incomplete Leader," *Harvard Business Review*, February 2007.

5. K. Weick, *Sensemaking in Organizations*（Thousand Oaks, CA：SAGE Publications, 1995）.

6. Tom Roszko, 与作者在纽约面谈 NY, 2004.

7. K. Weick, *Sensemaking in Organizations*（Thousand Oaks, CA：SAGE Publications, 1995）.

8. See, for example, C. J. Nemeth and J. Kwan, "Minority Influence, Divergent Thinking and the Detection of Correct Solutions," *Journal of Applied Social Psychology* 17（1987）：786 - 797.

第六章

1. H. R. Clinton, *It Takes a Village*（New York：Touchstone, 1996）.

2. 本章中塔米·萨维奇提供的内容均来源于作者在2004年夏天在华盛顿的雷德蒙所做的一次采访。

3. C. Y. Chen, "Chasing the Net Generation," *Fortune*, September 4, 2000.

4. 本章中凯思林·马尔卡希提供的内容均来源于作者在2004年夏天在马萨诸塞州的波士顿所做的一次采访。

5. M. Granovetter, "The Strength of Weak Ties," *American Jour-*

nal of Sociology 78 (1973): 1360 – 1380.

6. D. G. Ancona and D. F. Caldwell, "Composing Teams to Assure Successful Boundary Activity," in *Basic Principles of Organizational Behavior: A Handbook*, ed. E. A. Locke (Oxford, UK: Blackwell, 2000); D. G. Ancona, H. Bresman, and K. Kaeufer, "The Comparative Advantage of X-Teams," *MIT Sloan Management Review* 43, no. 3 (2002): 33 – 39.

7. 引自作者在2004年夏天在华盛顿的雷德蒙所进行的一次采访。

第七章

1. 对于最近一系列研究的回顾,请参阅 R. E. Reagans, E. Zuckerman, and B. McEvily, "How to Make the Team: Social Networks vs. Demography as Criteria for Designing Effective Teams," *Administrative Science Quarterly* 49 (2004): 101 – 133。

2. K. Bettenhausen and J. K. Murnighan, "The Emergence of Norms in Competitive Decision-Making Groups," *Administrative Science Quarterly* 30 (1985): 350 – 372; C. J. G. Gersick, "Time and Transition in Work Teams" *Academy of Management Journal* 31 (1988): 9 – 41.

3. R. I. Sutton and A. Hargadon, "Brainstorming groups in context: Effectiveness in a product design firm," *Administrative Science Quarterly* 41 (1996): 685 – 718.

第八章

1. 本章中英国石油公司提供的内容均来源于英国石油公司项目部2004年的推荐报告。

2. This term first appeared in D. G. Ancona, G. Okhuysen, and L. Perlow, "Time Out: Taking Time to Integrate Temporal Research," *Academy of Management Review* 26 (2001): 512 – 529.

3. The information on Ford is from interviews by one of the authors

注释

with senior product development executives from the company who visited MIT in spring 2004.

第九章

1. 西南航空公司前首席执行官吉姆·帕克尔在 2005 年访问麻省理工学院斯隆管理学院时的发言。

2. 本章中所述关于宝洁公司的内容主要有两个二手信息来源：L. Huston and N. Sakkab, "Connect and Develop," *Harvard Business Review*, March 2006; E. Schonfeld, "P&G's Growth Wizard," *Business*, 2.0, February 2005.

3. E. Schonfeld, "P&G's Growth Wizard," *Business 2.0*. February 2005.

4. L. Huston and N. Sakkab, "Connect and Develop," *Harvard Business Review*, March 2006.

5. D. Ancona, T. Malone, W. Orlikowski, and P. Senge, "In Praise of the Incomplete Leader," *Harvard Business Review*, February 2007, 2.

6. K. Weick, *Sensemaking in Organizations* (Thousand Oaks, CA: SAGE Publications, 1995).

7. L. Huston and N. Sakkab, "Connect and Develop," *Harvard Business Review*, March 2006.

8. E. H. Schein, *Organizational Culture and Leadership*, 3rd ed. (San Francisco: Jossey-Bass, 2004).

9. N. Repenning, "Understanding Fire Fighting in New Product Development," *Journal of Product Innovation Management* 18, no. 5 (2001): 285–300.

10. C. A. O'Reilly III and M. L. Tushman, "The Ambidextrous Organization," *Harvard Business Review*, April 2004, 74–81.

11. H. W. Chesbrough, "The Era of Open Innovation," *MIT Sloan*

Management Review 44, no. 3 (2003): 35-41.

12. 这一术语首先出现在 D. G. Ancona, G. Okhuysen, and L. Perlow, "Time Out: Taking Time to Integrate Temporal Research," *Academy of Management Review* 26 (2001): 512-529。

13. L. Perlow, "The Time Famine: Towards a Sociololgy of Work Time," *Administrative Science Quarterly* 44 (1999): 57-81.

14. E. H. Schein, *Organizational Culture and Leadership*, 3rd ed. (San Francisco: Jossey-Bass, 2004).

15. T. Friedman, "It's a Flat World, After All," *New York Times*, April 3, 2005.

16. For this and countless other colorful quotes from Margaret Mead, see http://en.wikiquote.org/wiki/Margaret_Mead.

作者简介

黛博拉·安科纳(Deborah Ancona)是麻省理工学院斯隆管理学院的 Seley 教席杰出教授,也是麻省理工学院领导力中心课程主任。她是美国电话电报公司、英国石油公司、巴西淡水河谷公司、美林证券和新闻集团这样一些大型公司在领导和创新领域的顾问。

黛博拉对成功团队如何运作的领先性的研究凸显了"像在团队内部一样管理外部团队"的重要性。这项研究直接带来新的理念:以外向型团队为工具,鼓励大企业的创新行为。

黛博拉的成就集中于分布式领导的理念,以及开发研究工具、实践与培训模式,让企业在每个层级上都可以实现创造性的领导。这些成就都体现在"赞美不完全的领导"之中,这篇文章发表于 2007 年 2 月的《哈佛商业评论》上。

黛博拉对团队绩效的研究同样在《管理科学季刊》(Administrative Science Quarterly)、《管理学会杂志》(Academy of Managemet Journal)、《组织科学》(Organization Science)和《斯隆管理评论》(MIT Sloan Management)上发表。她的上一本书《管理未来:组织行为和过程》(Managing for the Future: Organizational Behavior and Processes, South-Western College Publishig, 1999, 2005)集中讨论了在如今分散变化的企业里需要的技巧与流程。

黛博拉从宾夕法尼亚大学获得文科学士、理科硕士学位,并在哥伦比亚大学获得管理学博士学位。

作者简介

亨里克·布雷斯曼（Henrik Bresman）欧洲商学院任组织行为学助理教授，他在学院教授 MBA 课程，内容包括组织领导、技术创新和变革管理。他的研究方向着重于高效团队、创新和领导。

布雷斯曼教授作为富布莱特基金学者，从麻省理工学院获得博士学位。他还从斯德哥尔摩经济学院获得了经济学学位。他的博士论文是"通过创新团队的战略重要性揭示高效的团队是如何通过内外部行为（特别是外向型学习行为）获得成功的"。论文获得管理学院威廉·H.纽曼奖，他的研究成果被《斯隆管理评论》等几家一流杂志登载。

在加入欧洲工商管理学院以前，布雷斯曼教授已经拥有一系列管理、咨询和企业顾问的头衔。他生在瑞典，长在瑞典，目前住在法国。

译 后 记

有人的地方就有社会,有社会就需要管理。如今管理学已经成为引人注目的热门科学。各种管理理论和手段都能找到对应的成功案例,它们成功的经验很多都可以借鉴,却无法复制,因为管理是讲究系统性的科学,需要理论与方法的合理搭配。

本书作者黛博拉将分布式管理和开放式团队等管理理论与外向型行为、尽力执行和灵活的阶段划分等实践方法进行了合理的搭配,提出了完整的系统解决方案——外向型团队。而这一方法经过了麻省理工学院和欧洲工商管理学院以及一些管理理论专家的论证,并被包括英国石油公司、巴西淡水河谷公司、美林证券、微软等不同行业的知名企业所验证。

对于迫切希望成功管理企业的企业家与管理人员来说,外向型团队是可以直接拿来的成套体系,是可以简单套用的模板。从整体的体系到局部的团队内部安排,外向型团队计划给企业提供了详尽的理论介绍与真实案例说明,企业可以对照使用体系的全部或者部分。

对于有自己独特管理理念的理论研究者与管理人员来说,外向型团队又具备一定独立性,可以将整个体系分割成不同的模块,在外向型团队计划中融入自己的想法,进行组合与拼接,创造有自身特色的管理体系。

在翻译过程中,我们亦受益良多,产生了一些新的构思:如果企业各

译后记

部门均由外向型团队组合而成,那么企业内部可以采用联合单据:各部门、各团队的数据统一格式,汇总到同一张单据上,让整个企业成为一个大的外向型团队。同时,不同项目团队间互通有无、相互关联、协调一致。以此抛砖引玉,愿与各位管理爱好者及专家交流。

本书中的人名、地名和概念表述,我们采用的译法主要出自于商务印书馆出版的《英语姓名译名手册》(第四版)等工具书,一些特殊的人名以及概念表述,我们参考网络和纸面媒体,采用读者熟悉并习惯的中文名称。

本书翻译具体的分工是唐淼翻译正文,王宏宇进行相关资源检索,修正容易产生误解和歧义的概念与名称,王芸负责文字修改与定稿,在此对他们一并表示感谢。商务印书馆金晔编辑在本书翻译过程中一直尽心尽力地予以建议和指导,在此深表感谢!

本书作为一本专业性较强的管理学书籍,我们翻译的目标在于将作者在管理方面的心得准确地表述,读者能汲取知识与经验,并因此获得收益。读者对译著若有所体会或疑问,敬请不吝赐教。

唐淼

2009 年 3 月于北京